德语经典名著百日阅读计划

胡桃夹子和老鼠国王
Nussknacker und Mausekönig

［德］E.T.A.霍夫曼（E. T. A. Hoffmann） 著

张克芸 编注

·上海·

内容提要

《胡桃夹子和老鼠国王》是德国浪漫主义作家霍夫曼的代表作,也是儿童奇幻文学如《爱丽丝漫游仙境》的鼻祖。《胡桃夹子和老鼠国王》自1816年问世以来,翻译和改编作品数不胜数。柴可夫斯基的同名芭蕾舞剧更令这则童话家喻户晓。绮丽梦幻的糖果王国、女孩与胡桃夹子经受考验战胜鼠王的情节,使其成为最受欢迎的圣诞节剧目。不过,这些还远不是霍夫曼原作的全部魅力。德语原作恰似匠心编织的精巧"双面绣",不断吸引着成年读者和文学爱好者去探险、去释谜。

本书收录《胡桃夹子和老鼠国王》的德语原文,由德语专业教师加上难点解析和内容注释,并配上音频,以帮助德语学习者接触原典、阅读德语原著。通过对本书的阅读,读者能够进一步夯实德语语法和词汇的基础,提升阅读兴趣,同时可以对这部经典艺术童话有比较全面的了解,并在此基础上愿意去接触其他的德语文学作品。

图书在版编目(CIP)数据

胡桃夹子和老鼠国王 / 张克芸编注. —上海:同济大学出版社,2024.1
(德语经典名著百日阅读计划. 第二辑)
ISBN 978-7-5765-0688-4

Ⅰ. ①胡… Ⅱ. ①张… Ⅲ. ①德语-语言读物 ②童话-德国-现代 Ⅳ. ①H339.4:I

中国国家版本馆 CIP 数据核字(2023)第 018479 号

胡桃夹子和老鼠国王
Nussknacker und Mausekönig

[德] E.T.A.霍夫曼(E. T. A. Hoffmann) 著
张克芸 编注

| 责任编辑 | 戴如月 | **助理编辑** | 杨黄石 | **责任校对** | 徐春莲 | **封面设计** | 潘向蓁 |

出版发行		同济大学出版社　　www.tongjipress.com.cn
		(地址:上海市四平路1239号　邮编:200092　电话:021-65985622)
经	销	全国各地新华书店
排	版	南京文脉图文设计制作有限公司
印	刷	上海安枫印务有限公司
开	本	889 mm×1194 mm　1/32
印	张	5.5
字	数	124 000
版	次	2024 年 1 月第 1 版
印	次	2024 年 1 月第 1 次印刷
书	号	ISBN 978-7-5765-0688-4
定	价	48.00 元

本书若有印装质量问题,请向本社发行部调换　　　版权所有　侵权必究

"德语经典名著百日阅读计划"第二辑总序

亲爱的读者：

当你手中拿着这本《德语经典童话与寓言》或是《埃米尔擒贼记》或是《德国民间故事与传说》或是《胡桃夹子和老鼠国王》的时候，相信你是一个正在学习德语并且喜爱阅读的人。这四本德语故事集或小说共同构成了"德语经典名著百日阅读计划"的第二辑。

我们在构思如何做一套德语版的经典名著导读本时，就希望让德语学习者也能和英语学习者一样，读到原汁原味的德语经典小说——用已有的德语知识，轻松读到纯正的德语文学；以有限的语言水平，感受和体验经典文学的美好；更能通过阅读原版，让自己的德语水平得到"升华"。为此，我们特别邀请了有丰富德语教学经验、对德语文学有深入研究的教授和德语教师来对这些德语经典名著进行编注。除了注解一些生词以及难理解的句子之外，编者们还对文中出现的一些语法现象和固定表达、动词用法进行了解释。

或许你会想，德语已经这么严谨枯燥了，读原著应该会如同嚼蜡。那何不把阅读兴趣和学习需求结合到一起呢？"德语经典名著百日阅读计划"这套书一定会打消你的顾虑。与其把阅读德语原著看作一种挑战，一时兴起买来翻两页就丢到一旁，或是三天打鱼两天晒网地展开一段"马拉松"，不如跟随我们的节奏培养你的阅读习惯。阅读是一个持之以恒的过程，特别是阅读小说,连续的阅读才能让人体会到情节的生动、语言的美好。

与第一辑三部围绕爱情的经典小说相比,"德语经典名著百日阅读计划"第二辑包含了多部最有代表性的德语儿童文学、童话、寓言、民间故事和传说。读完这四本书,你就能对从古至今德语文学中的儿童世界有较为全面的了解。兴许,你还会对小时候便熟读的童话故事产生更加丰盈、深入的认识。

对于这四本书的品读,我们的建议是:先读难度较低且大部分读者都耳熟能详的《德语经典童话与寓言》,再读难度不高的《埃米尔擒贼记》,比较一下流传已久的民间童话寓言与现代作家创作的儿童文学的不同滋味。读完前两本后,可再乘胜追击,挑战难度略高的两本《德国民间故事与传说》与《胡桃夹子和老鼠国王》。为便于读者实际操作,我们为这套书的每一本都定了一个阅读期限:25 天阅毕《德语经典童话与寓言》,30 天读完《埃米尔擒贼记》,20 天欣赏《德国民间故事与传说》,25 天攻克《胡桃夹子和老鼠国王》——理想的状态是,100 天就能读完这四本经典的德语文学选集或小说。当然,如果你已经有相当高的德语水平,我们更乐于见到你一口气就把这四本书读完;如果你才刚刚入门没多久,也不用感到压力,你可以用翻倍的时间去慢慢读、细细品。

《德语经典童话与寓言》(*Deutsche Märchen und Fabeln*)收录了格林兄弟(Brüder Grimm)搜集整理的《格林童话》、威廉·豪夫(Wilhelm Hauff)加工编写的《豪夫童话》及戈特霍尔德·埃夫莱姆·莱辛(Gotthold Ephraim Lessing)创作的《莱辛寓言》。由于篇幅限制,我们只选取了这三部作品集中的部分精彩名篇。我们选择这部童话与寓言集作为第二辑的第一本,不仅是因为其中不少故事早已广为流传、脍炙人口,更是因为它们语言简洁精练,叙事性强,相对容易理解,对于有一定德语基础的学生(德语专业大二及以上,欧标德语 A2+)来说比较容易上手,能令人享受到阅读的乐趣。而且这些故事的搜集或创作者格林兄弟、豪夫与莱辛,都是在德语文学领域里深受中国读者欢迎的名家。

《埃米尔擒贼记》(*Emil und die Detektive*)是 20 世纪最著名的德国儿童文学作家埃里希·凯斯特纳(Erich Kästner)的代表作。这部儿童小说讲述了一个充满幽默的城市冒险故事,不仅文笔生动、极富画面感,还对当时德国的社会现实作了精准描摹,刚一问世便轰动世界。我们选择这部小说作为第二本,是因为尽管它不像经典童话故事那样广为人知,但凯斯特纳的遣词造句相当明晰流畅,相信你能带着轻快又兴奋的心情读完这部小说。

《德国民间故事与传说》(*Deutsche Volkserzählungen*)包括了《明希豪森奇遇记》《梯尔·欧伦施皮格尔》《希尔德的市民们》等五则经典的民间故事,这些故事幽默诙谐,趣味盎然,同时又颇具讽喻色彩,能让人在笑过之后掩卷沉思。但是这部故事集的阅读难度稍大,主要原因在于它的语言与现当代德语有一定距离,在用词上也有些差异。不过如果你已经有了之前两本甚至是第一辑的阅读经验,相信你会渐渐忽略语言难度给你带来的困扰,不知不觉沉浸在这些描述人间烟火的朴实文字之中。

《胡桃夹子和老鼠国王》(*Nussknacker und Mausekönig*)是德国晚期浪漫派文学大师 E. T. A. 霍夫曼(Ernst Theodor Amadeus Hoffmann)的传世名作,对它进行翻译与改编的作品不计其数。法国作家大仲马在霍夫曼原著基础上作的改编又被柴可夫斯基进一步加工成芭蕾舞剧《胡桃夹子》,这更令这部艺术童话家喻户晓。之所以选择这本书作为"德语经典名著百日阅读计划"第二辑的收官之作,一方面是因为霍夫曼的作品在用词、修辞和行文上颇为精致考究,语言难度稍大;另一方面则是由于这部小说并非如许多民间童话故事那样简明易懂,而是暗藏玄机,在叙事结构与人物情节方面都比较复杂多义,值得多多琢磨,细细品味。

  最后,我们还为这套书的阅读提供了一些小工具。我们为每一天的阅读内容都配了音频——你可以边听边读,保持匀速的阅读节奏;或者听后再读,细细品味每一词每一句;或者读后再听,回味刚刚读过的情节。我们为每一本书都配了一张打卡表,你可以在每次阅读时记录你的阅读日期、阅读时间和难易体会。当你凑齐第二辑的这四张打卡表,会看到什么呢?最后一个小工具就需要你自己去寻觅了:一支笔。我们建议你在阅读的时候拿着笔,因为它可以帮你保持阅读的注意力,同时你也可以在每页的空白处做一些批注,记录你的理解和阅读感想。

  希望这套书能帮你提升德语水平,提高阅读速度,学到新单词,掌握一些地道的德语表达。通过阅读这套书,愿你也能体会到文学阅读的乐趣和成就感。

  祝阅读愉快!

编 者

2023 年 3 月

导读

若论德语文学中最广为人知的佳作，E.T.A.霍夫曼的《胡桃夹子和老鼠国王》必然榜上有名。这则童话问世后，对它的翻译、改编和配图作品不计其数。在法国作家大仲马于霍夫曼原作基础上改编后，其被柴可夫斯基进一步加工成芭蕾舞剧《胡桃夹子》，更令这篇童话家喻户晓。绮丽梦幻的糖果王国、女孩与胡桃夹子经受考验获得幸福的故事也深得一代代儿童的喜爱。学过或正在学德语的你，打开这本小书的时候，一定带着与我同样的好奇心：这篇著名童话的德语原作，究竟会是怎样的面貌？它的独特之处在哪儿？

简单回顾下这位德语文学大师的生平有助于我们对他作品的理解。E.T.A.霍夫曼（1776—1822）是德国晚期浪漫派的重要代表，也是19世纪德语文学中少数几位具有国际影响的小说家之一，其读者中不乏巴尔扎克、雨果、大仲马、波德莱尔、爱伦·坡、普希金、果戈里、陀思妥耶夫斯基等世界文学大师。霍夫曼的墓志铭上用四个词语总结了他的一生："杰出的法律顾问、诗人、音乐家、画家"。霍夫曼于1776年1月24日出生于普鲁士的柯尼斯堡市（现俄罗斯加里宁格勒）的一个律师家庭。遵从家族传统，霍夫曼攻读了法学专业，担任过陪审员、法官、高等法院顾问等公职。然而，艺术才是他毕生的挚爱：他根据好友富凯的童话《温蒂娜》改编的歌剧大获成功；他别具一格的音乐评论曾得贝多芬称赞；此外，他还做过乐队指挥、编剧、导演、作曲家和舞台布景画家。不过,霍夫曼虽视音乐为自己的天职,但让他的才华结成累累硕果的却是文学创作。

霍夫曼开启作家生涯时已过而立之年,此时距他46岁与世长辞只有十余年时间。他短暂的创作生涯实属高产:3部长篇小说和50多篇中短篇小说,后者大多收入《仿卡洛风格的幻想篇》(1814)、《夜谭》(1816—1817)和《谢拉皮翁兄弟》(1819—1821)等3部多卷本文集中。《胡桃夹子和老鼠国王》便收录于《谢拉皮翁兄弟》。这篇童话本是霍夫曼为好友的孩子所写,文中人物玛丽和弗里茨便使用了这两兄妹的真名。故事中的玛丽在圣诞节前夜选中一个模样丑陋的胡桃夹子小人作为礼物,对其爱不释手。深夜,玛丽目睹胡桃夹子和其他玩偶竟有了生命,他们一同抗击七头鼠王带领的老鼠大军。玩偶一方伤亡惨重,幸亏玛丽及时出手赶跑了鼠王,自己却晕倒在地。之后,玛丽的教父(即高等法院顾问罗色美耶)向玛丽讲述了"铁核桃童话",这则"童话中的童话"解释了胡桃夹子相貌丑陋的原因,并为玛丽后面的经历埋下了伏笔。教父说胡桃夹子只有得到一个女孩坚定忠诚的爱,才能破除鼠婆子的魔法并恢复原貌。为了保护胡桃夹子,玛丽任由鼠王啃啮自己心爱的玩具。最终,胡桃夹子打败了鼠王,带着玛丽前往玩偶王国。玛丽在这个奇丽国度里游历了橙子溪、杏乳湖、柠檬江、姜饼屋、糖果城等,所到之处甜蜜芬芳,美不胜收。在杏仁糖宫里,玛丽得知胡桃夹子是玩偶国的王子,并见到他那四位美丽的公主姐妹。最后,疲倦的玛丽在宫殿里睡着了,却在自己现实中的小床上醒来。父母、姐姐和哥哥都不相信玛丽的奇遇,认为那无非是她的一场梦而已,并禁止玛丽再讲述关于玩偶王国的一切。有一天,玛丽向教父坦承自己的心意:如果胡桃夹子真有生命,她不会因它相貌丑陋而嫌弃它。就在当天,教父带给玛丽一个精美的胡桃夹子小人,小人向玛丽求婚。据说,一年后成为国王的胡桃夹子当真接走了玛丽去做他的王后。

这个故事的情节听起来是不是非常简单,挺符合我们对儿童童话的期许?然而不少小伙伴在读完霍夫曼的原作或译文后却心生疑窦:胡桃夹子和鼠王的战斗以及玩偶王国的经历究竟真实存在还是仅仅是玛丽的幻想?没错,这就是原作的特色之一:刚从玛丽的内视角栩栩如生地讲述了玩偶们与鼠王的恶战,随即通过玛丽母亲理性的视角提供对事件合情合理的现实解释。霍夫曼通过对胡桃夹子的人格化描写,无声无息地把读者引入童话世界,有意模糊内视角和外视角的界限,令读者在不知不觉中把玛丽的幻想体验当作外部客观现实。无论是从儿童的天真视角还是从文学研究者的视角来看,文本都呈现出相应不同的层面,同时每个视角都能得到文本支持且相互包容。这种双重编码恰似展现出两种不同图案的精美双面绣,值得我们细细品味。

我们先从题目入手。标题人物"胡桃夹子"本是用来磕开坚果外壳的工具,其外形被做成了士兵、国王等人形模样。这些色彩鲜艳的小人也被放在圣诞市场出售,19世纪时还成为儿童玩具。在霍夫曼笔下,胡桃夹子这个木偶工具获得了生命,其言行举止均表现出中世纪理想化的骑士美德,诸如彬彬有礼、英勇善战、正直果决等。胡桃夹子不仅帮助"铁核桃童话"中被魔法变丑的芘尔丽帕公主恢复人形,也让玛丽获得心智和品格的成长。我们知道,核桃(die Nuss)在德语里还有"棘手难题"的意思,另有德国谚语"Wer den Kern essen will, muss die Nuss knacken."(要想吃到果仁,须得破开核桃)。在教父所讲的"铁核桃童话"中,芘尔丽帕公主的父王遍寻天下能人来咬开铁核桃,好让公主服用作为解药的果仁。霍夫曼在此不仅忠实演绎了谚语的字面意思,更隐喻了这则童话的精髓:死磕难题,才能求仁得仁。更值得一提的是,核桃仁的德语词 Kern,兼有"核心,实质"之意,它提示读者,要领悟这则艺术童话的核心要害,必须解锁遮蔽着文本"核心"的叙述结构之壳。

我们不禁要问,如此"不省心"的童话,岂非远超儿童的理解力?对此,霍夫曼本人早已在《谢拉皮翁兄弟》文集中给出了阅读提示:儿童虽无法辨识出贯穿全文的精巧线索,但他们能共情玛丽对胡桃夹子的喜爱,也陶醉于玩偶王国的甘美。这篇童话写于1816年秋冬,彼时欧洲刚刚结束拿破仑战争,经济和社会生活遭受割裂和重创,可偏巧这年还是历史上著名的"无夏之年",低温波及包括欧洲在内的许多地区,造成自然灾害、瘟疫甚至饥荒。不难想象,物产丰富的玩偶王国中那诸多以甜食、糖果命名的山林、溪流和屋舍,给匮乏中的孩子们带来了多大的心灵慰藉啊!

至于故事线索交错复杂这一方面,霍夫曼回应道:表面上毫无规则的随心所欲之作,更需要清明理智运筹帷幄,因为其中必然包蕴着一个牢固的内核(Kern)。那么这个"核"究竟是什么?如何穿越叙述的迷宫接近那意义之核,则是作家留给成年读者的解谜乐趣。当然,慧黠者如霍夫曼,早已在文本里暗暗埋下了阿里阿德涅之线,比如罗色美耶这个人物。故事里除了教父外,还出现了另外三个罗色美耶(芘尔丽帕公主王宫里的制表师、制表师的堂兄木偶制作师、木偶制作师的儿子胡桃夹子),他们的关系是否正如玛丽所言"教父就是官廷制表师,同时也是胡桃夹子的叔父"?这个人物的多重身份有何寓意?

为何只有玛丽本人才能创造出富有生机的"玫瑰湖",而作为能工巧匠的教父却永远不能?童稚的幻想在这篇童话里究竟发挥着何种作用?

瞧,阅读思考带来的沉醉欢畅,不让美食佳酿。编者又岂敢掠人之美,干脆就此打住。我相信,每个读者最终都能以自己的阅读叩开属于他/她的那个"核",收获这篇童话带给自己的感动、惊喜或哲思。当然,若德语专业的读者有兴趣,也可把这篇不那么儿童的"儿童童话"作为你的论文选题。

在此尚需交代一下注释本的文献来源、篇幅分配以及注释取舍等。《胡桃夹子和老鼠国王》的注释底本出自 Deutscher Klassiker Verlag 出版的霍夫曼全集第四卷《谢拉皮翁兄弟》。德语原文分为 14 章,注释本分为 25 日,删去了原来每章的标题。这篇作品的中文译本不少于 3 个,编者在注释过程中参阅过杨武能先生的译本,在此致谢!按照商务印书馆《德语姓名译名手册》,教父名字 Droßelmeier 的标准中译名长达六字,读来生涩拗口,不宜在作为普及版读物的本书中使用。故编者采纳了杨先生的译名"罗色美耶",虽于信有所失,但朗朗上口,音形俱美,应合年轻读者口味。为了避免过多单词注释影响阅读的流畅性,编者对不影响整体故事呈现的生词(如武器名称、战争场面、衣饰装扮等词语)未加注释,读者阅读时亦可放心略过。同时,每日篇首的中文概述里尽可能详细再现了主要内容,有助于读者阅读德语原作。另外,为了符合现代读者的阅读习惯,我们对原文进行了适当分段,并对少数标点符号作了轻微改动。

最后,且以下文作为导读的结束语:玛丽在胡桃夹子指引下通过衣橱之门进入了玩偶王国;爱丽丝在追逐兔子时踏入洞穴进入梦中仙境。亲爱的读者,阅读经典作品同样也能为我们打开一扇超越庸常生活的心灵之门,领略别样风光。毕竟,正如霍夫曼在这篇童话的结尾所言:世人只需一双慧眼,便可瞥见那至美之景、那至奇之物。

祝读者诸君开卷有益!

张克芸

2023 年 10 月

目 录

"德语经典名著百日阅读计划"第二辑总序
导读

Tag 1	001
Tag 2	006
Tag 3	010
Tag 4	017
Tag 5	024
Tag 6	029
Tag 7	035
Tag 8	041
Tag 9	048
Tag 10	054
Tag 11	062
Tag 12	069
Tag 13	076
Tag 14	081
Tag 15	087

Tag 16	095
Tag 17	102
Tag 18	109
Tag 19	117
Tag 20	124
Tag 21	129
Tag 22	135
Tag 23	144
Tag 24	151
Tag 25	157

1 Tag

　　圣诞前夜,在后屋的一个角落里,弗里茨和玛丽兄妹俩期待着父母给他们准备的圣诞礼物。孩子们瞥见罗色美耶教父也进了屋子,兴奋地猜测他这次会带来什么好玩的物件儿。要知道,教父可是个能工巧匠,他精通钟表工艺,还制作过会转眼珠的小人儿、会蹦出小鸟儿的盒子呢。每到圣诞节,他都会给孩子们送来亲手制作的礼物。弗里茨猜想教父制作了一座城堡,里面有士兵操练、打仗。玛丽猜想教父制作的是一座美丽的花园,天鹅在湖上游弋,有小女孩给它们喂食杏仁糖。

Am vierundzwanzigsten Dezember durften die Kinder des Medizinalrats (Medizinalrat m. 医药顾问) Stahlbaum den ganzen Tag über durchaus nicht in die Mittelstube hinein, viel weniger in das daran stoßende Prunkzimmer. In einem Winkel des Hinterstübchens zusammengekauert[1], saßen Fritz und Marie, die tiefe Abenddämmerung war eingebrochen[2] und es wurde ihnen recht schaurig zumute[3], als man, wie es gewöhnlich an dem Tage geschah, kein Licht hereinbrachte. Fritz entdeckte ganz insgeheim wispernd (wispern 低语) der jüngern Schwester (sie war eben erst sieben Jahre alt geworden) wie er schon seit frühmorgens es habe in den verschlossenen Stuben rauschen und rasseln, und leise pochen hören.

Auch sei nicht längst ein kleiner dunkler Mann mit einem großen Kasten unter dem Arm über den Flur geschlichen[4], er wisse aber wohl, dass es niemand anders gewesen als Pate Droßelmeier.[5] Da schlug Marie die kleinen Händchen vor Freude zusammen und rief[6]: »Ach was wird nur Pate Droßelmeier für uns Schönes gemacht haben.« Der Obergerichtsrat Droßelmeier war gar kein hübscher Mann, nur klein und mager (干瘦的), hatte viele Runzeln

1 蜷缩在窄小后屋的一个角落里。zusammengekauert 是第二分词作状语。

2 浓浓的暮色降临。einbrechen 突然来临

3 他们心里非常害怕。jm. zumute sein 表示"某人有……心情"。

4 此处为 schleichen 的第二分词,意为"蹑手蹑脚走动"。

5 不过他知道,此人并非别的什么人,正是罗色美耶教父。

6 玛丽高兴地拍着小手欢呼。vor Freude 出于高兴, die Hände zusammen/schlagen 拍手

im Gesicht, statt des rechten Auges ein großes schwarzes Pflaster und auch gar keine Haare, weshalb er eine sehr schöne weiße Perücke (f. 假发) trug, die war aber von Glas und ein künstliches Stück Arbeit. Überhaupt war der Pate selbst auch ein sehr künstlicher Mann, der sich sogar auf Uhren verstand und selbst welche machen konnte.[7] Wenn daher eine von den schönen Uhren in Stahlbaums Hause krank war und nicht singen konnte, dann kam Pate Droßelmeier, nahm die Glasperücke ab (ab/ nehmen 取下), zog sein gelbes Röckchen aus, band eine blaue Schürze (f. 围裙) um und stach mit spitzigen Instrumenten in die Uhr hinein (hinein/stechen 刺进去), so dass es der kleinen Marie ordentlich wehe tat, aber es verursachte (verursachen 引起, 造成) der Uhr gar keinen Schaden, sondern sie wurde vielmehr wieder lebendig und fing gleich an recht lustig zu schnurren (发出嗡嗡声), zu schlagen und zu singen, worüber denn alles große Freude hatte.

Immer trug er, wenn er kam, was Hübsches für die Kinder in der Tasche, bald ein Männlein, das die Augen verdrehte[8] und Komplimente machte, welches komisch anzusehen war, bald eine Dose, aus der ein Vögelchen heraushüpfte,

[7] 要说做工精湛,教父本人便是如此,他甚至精通钟表且会自己制作。

[8] die Augen verdrehen 转动眼珠

bald was anderes. Aber zu Weihnachten, da hatte er immer ein schönes künstliches Werk verfertigt, das ihm viel Mühe gekostet⁹, weshalb es auch, nachdem es einbeschert worden, sehr sorglich von den Eltern aufbewahrt (auf/bewahren 保管) wurde. —»Ach, was wird nur Pate Droßelmeier für uns Schönes gemacht haben«, rief nun Marie; Fritz meinte aber, es könne wohl diesmal nichts anders sein, als eine Festung,¹⁰ in der allerlei sehr hübsche Soldaten auf und ab (来来回回) marschierten (marschieren 行进) und exerzierten und dann müssten andere Soldaten kommen, die in die Festung hineinwollten, aber nun schössen¹¹ die Soldaten von innen tapfer heraus mit Kanonen (Kanone f. 大炮), dass es tüchtig brauste und knallte (knallen 发出噼啪声).

»Nein, nein«, unterbrach Marie den Fritz:»Pate Droßelmeier hat mir von einem schönen Garten erzählt, darin ist ein großer See, auf dem schwimmen sehr herrliche (herrlich 美妙的) Schwäne (Schwan m. 天鹅) mit goldnen Halsbändern herum und singen die hübschesten Lieder. Dann kommt ein kleines Mädchen aus dem Garten an den See und lockt die Schwäne heran, und füttert (füttern 喂食) sie mit süßem

9　不过每到圣诞节，他总要花大力气制作一件精美绝伦的作品。verfertigen Vt. 制作；"Das Werk kostet ihm viel Mühe." 意为：这件作品花费他不少力气。

10　弗里茨却认为，这次不会是别的什么东西，就是座堡垒。

11　动词原形是 schießen，意为"射击"，此处为第二虚拟式。

Marzipan(n./m. 杏仁糖).«[12]»Schwäne fressen（吃）keinen Marzipan«, fiel Fritz etwas rauh ein,[13]» und einen ganzen Garten kann Pate Droßelmeier auch nicht machen. Eigentlich haben wir wenig von seinen Spielsachen; es wird uns ja alles gleich wieder weggenommen, da ist mir denn doch das viel lieber, was uns Papa und Mama einbescheren[14], wir behalten es fein und können damit machen, was wir wollen.«

12　随后一个小姑娘走出花园,来到湖边,把天鹅逗引到身旁,喂它们杏仁糖。jn./etw. heran/locken 把……引诱到身旁

13　弗里茨有些粗鲁地插话进来。ein/fallen Vi. 插话

14　我更喜欢爸爸妈妈送的礼物。ein/bescheren 送礼物

Tag 2

　　兄妹俩说起自己的愿望清单：玛丽的布娃娃已经很旧了，弗里茨想要一匹栗色马和轻骑兵。他们知道父母一定为他们准备了各式各样的礼物。姐姐路易丝则提醒他们亲爱的耶稣会通过父母之手，把孩子们心仪的礼物送给他们。大家伙儿现在该做的，就是静静地、虔诚地等待。天黑了。叮当声响起，房门猛然打开，父母牵着孩子们的手来到大厅，那里已经放置好了许许多多的礼物。

Nun rieten (raten 猜) die Kinder hin und her (来来回回), was es wohl diesmal wieder geben könne. Marie meinte, dass Mamsell Trutchen (ihre große Puppe) sich sehr verändere, denn ungeschickter als jemals fiele sie jeden Augenblick auf den Fußboden[1], welches ohne garstige (garstig 丑陋的) Zeichen im Gesicht nicht abginge, und dann sei an Reinlichkeit in der Kleidung gar nicht mehr zu denken.[2] Alles tüchtige Ausschelten[3] helfe nichts. Auch habe Mama gelächelt, als sie sich über Gretchens kleinen Sonnenschirm so gefreut. Fritz versicherte dagegen, ein tüchtiger Fuchs fehle seinem Marstall durchaus so wie seinen Truppen gänzlich an Kavallerie[4], das sei dem Papa recht gut bekannt. — So wussten die Kinder wohl, dass die Eltern ihnen allerlei schöne Gaben (Gabe f. 礼物) eingekauft hatten, die sie nun aufstellten, es war ihnen aber auch gewiss[5], dass dabei der liebe Heilige Christ mit gar freundlichen frommen (fromm 虔诚的) Kindesaugen hineinleuchte und dass wie von segensreicher Hand berührt, jede Weihnachtsgabe herrliche Lust bereite wie keine andere.[6]

Daran erinnerte die Kinder, die immerfort von den zu erwartenden Geschenken wisperten,

1 因为她（指玛丽的布娃娃特鲁琴小姐）笨得不能再笨，老是摔到地板上。ungeschickt 笨拙的，ungeschickter als 此处为比较级。

2 更别去想保持衣服的洁净了。

3 aus/schelten Vt. 狠狠地骂，此处是动词的名词化。

4 他的马厩里缺一匹栗色马，正如他的军队里也缺少骑兵。Fuchs m. 栗色马，Kavallerie f. 骑兵

5 他们（此处指孩子们）也清楚。Es ist jm. gewiss, dass... 意为"某事对某人来说是确凿无疑的"。

6 这时亲爱的耶稣正将他慈爱、虔诚的目光投进室内，每一件圣诞礼物都像被饱含圣恩的手触摸过一般，给人带来莫大的快乐，胜过任何其他礼物。Segen m. 赐福，berühren Vt. 触摸

ihre ältere Schwester Luise, hinzufügend[7], dass es nun aber auch der Heilige Christ sei, der durch die Hand[8] der lieben Eltern den Kindern immer das beschere, was ihnen wahre Freude und Lust bereiten könne[9], das wisse er viel besser als die Kinder selbst, die müssten daher nicht allerlei wünschen und hoffen, sondern still und fromm erwarten, was ihnen beschert worden. Die kleine Marie wurde ganz nachdenklich（沉思的）, aber Fritz murmelte vor sich hin[10]: »Einen Fuchs und Husaren（Husar m. 轻骑兵）hätt ich nun einmal gern.«

Es war ganz finster（阴沉的）geworden. Fritz und Marie fest aneinandergerückt, wagten（wagen 胆敢）kein Wort mehr zu reden, es war ihnen als rausche es mit linden Flügeln um sie her[11] und als ließe sich eine ganz ferne, aber sehr herrliche Musik vernehmen（听闻，获悉）. Ein heller Schein streifte（streifen 划过）an der Wand hin, da wussten die Kinder, dass nun das Christkind auf glänzenden Wolken fortgeflogen[12] — zu andern glücklichen Kindern. In dem Augenblick ging es mit silberhellem Ton: Klingling, klingling, die Türen sprangen auf[13], und solch ein Glanz strahlte aus dem großen Zimmer hinein, dass die Kinder mit

7 他们的姐姐路易丝补充说…… hinzu/fügen Vt. 补充, hinzufügend 在此是第一分词。

8 durch die Hand... 意思是"通过……的手"。

9 把能给孩子们带来真正欢欣和喜悦的礼物送给他们。... das..., was... 此处是一个 was 引导的关系从句。

10 弗里茨喃喃自语。

11 他们觉得周围仿佛有一双双温柔的翅膀在轻轻拂动。Es ist ihnen als... 他们感觉似乎……

12 圣婴坐在灿烂的云朵上飞走了。fort/fliegen Vi. 飞走, fortgeflogen 是第二分词。

13 门突然敞开。

lautem Ausruf:»Ach! — Ach!«wie erstarrt[14] auf der Schwelle(f. 门槛) stehenblieben. Aber Papa und Mama traten in die Türe, fassten die Kinder bei der Hand[15] und sprachen:»Kommt doch nur, kommt doch nur, ihr lieben Kinder und seht, was euch der Heilige Christ beschert hat.«

[14] erstarren Vi. 凝固,僵化,此处是第二分词作状语。

[15] 抓住孩子们的手,此处的固定搭配为 jn. bei der Hand fassen。

Tag 3

兄妹俩看到了精美的圣诞树和各色漂亮礼物。在教父罗色美耶送来的一座金碧辉煌的宫殿里,钟琴响起,许多身着华丽衣裳的小人儿翩翩起舞。然而,这座迷你的玩具宫殿既不能让弗里茨走进去玩耍,里面的人儿也不能走出来。虽然宫殿设计精巧,但因为所有的部件只能单调地重复同样的动作,兄妹俩很快便意兴阑珊。弗里茨同自己的玩具骑兵队玩耍起来。

Ich wende mich an dich selbst, sehr geneigter Leser oder Zuhörer[1] Fritz — Theodor — Ernst — oder wie du sonst heißen magst und bitte dich, dass du dir deinen letzten mit schönen bunten Gaben reich geschmückten Weihnachtstisch recht lebhaft vor Augen bringen mögest[2], dann wirst du es dir wohl auch denken können, wie die Kinder mit glänzenden Augen[3] ganz verstummt stehenblieben, wie erst nach einer Weile Marie mit einem tiefen Seufzer rief:»Ach wie schön — ach wie schön«, und Fritz einige Luftsprünge versuchte, die ihm überaus wohl gerieten. Aber die Kinder mussten auch das ganze Jahr über besonders artig und fromm gewesen sein[4], denn nie war ihnen so viel Schönes, Herrliches einbeschert worden als dieses Mal.[5] Der große Tannenbaum in der Mitte trug viele goldne und silberne Äpfel, und wie Knospen (Knospe f. 蓓蕾) und Blüten keimten (keimen 发芽;萌发) Zuckermandeln und bunte Bonbons und was es sonst noch für schönes Naschwerk (n. 〈旧〉甜食) gibt, aus allen Ästen.

Als das Schönste an dem Wunderbaum musste aber wohl gerühmt werden, dass in seinen dunkeln Zweigen hundert kleine Lichter

1 亲爱的读者或听众,我要对你说。这是霍夫曼的一种叙述手法,转向读者讲话。sich(A.) an jn. wenden 转向某人

2 请生动地回想一下你最近见到的那张圣诞礼品桌,它被五颜六色的漂亮礼物装饰得隆重非凡。

3 mit glänzenden Augen 两眼放光

4 不过孩子们必定是整整一年格外听话、特别虔诚。

5 因为他们从未收到过眼下这么多漂亮精致的东西。viel Schönes, viel Herrliches 是形容词的名词化。

wie Sternlein funkelten und er selbst in sich hinein- und herausleuchtend die Kinder freundlich einlud, seine Blüten und Früchte zu pflücken(摘取). Um den Baum umher glänzte alles sehr bunt und herrlich — was es da alles für schöne Sachen gab — ja, wer das zu beschreiben vermöchte![6]

6　谁能描写得出来哦！此句用以说明各种礼物美不胜收，语言已无法形容。

Marie erblickte die zierlichsten Puppen, allerlei saubere kleine Gerätschaften(Pl. 整套装备) und was vor allem schön anzusehen war, ein seidenes Kleidchen mit bunten Bändern zierlich geschmückt, hing an einem Gestell(n. 架子，支架) so der kleinen Marie vor Augen, dass sie es von allen Seiten betrachten konnte und das tat sie denn auch, indem sie ein Mal über das andere[7] ausrief:»Ach das schöne, ach das liebe — liebe Kleidchen: und das werde ich — ganz gewiss — das werde ich wirklich anziehen dürfen!« — Fritz hatte indessen(在此期间) schon drei- oder viermal um den Tisch herumgaloppierend und -trabend[8] den neuen Fuchs versucht, den er in der Tat am Tische angezäumt gefunden. Wieder absteigend, meinte er: es sei eine wilde Bestie(f. 野兽), das täte aber nichts, er wolle ihn schon kriegen, und musterte (mustern 打量) die neue

7　一次接一次

8　围着礼品桌子（骑着马）奔来跑去。galoppierend 与 trabend 是两个第一分词作状语。

Schwadron Husaren, die sehr prächtig in Rot und Gold gekleidet waren, lauter silberne Waffen trugen und auf solchen weißglänzenden Pferden ritten, dass man beinahe hätte glauben sollen, auch diese seien von purem Silber. Eben wollten die Kinder, etwas ruhiger geworden, über die Bilderbücher her, die aufgeschlagen waren, dass man allerlei sehr schöne Blumen und bunte Menschen, ja auch allerliebste spielende Kinder, so natürlich gemalt als lebten und sprächen sie wirklich, gleich anschauen konnte.[9]— Ja eben wollten die Kinder über diese wunderbaren Bücher her, als nochmals geklingelt wurde. Sie wussten, dass nun der Pate Droßelmeier einbescheren würde, und liefen nach dem an der Wand stehenden Tisch.

Schnell wurde der Schirm, hinter dem er so lange versteckt gewesen, weggenommen. Was erblickten da die Kinder — auf einem grünen mit bunten Blumen geschmückten Rasenplatz(m. 草坪) stand ein sehr herrliches Schloss mit vielen Spiegelfenstern und goldnen Türmen. Ein Glockenspiel ließ sich hören[10], Türen und Fenster gingen auf, und man sah, wie sehr kleine aber zierliche Herrn und Damen mit Federhüten (Federhut m. 羽毛帽子) und

9 孩子们稍微平静下来, 想去看那些图画书, 书本已翻开, 一眼就能看到书中有各种美丽花朵、各色人物, 也有正在玩耍的最可爱的孩童们, 这些都被画得那么自然, 栩栩如生, 仿佛他们真的在说话一般。"die aufgeschlagen waren" 是 die Bilderbücher 的关系从句。lebten, sprächen 是第二虚拟式形式, 表示非现实比较。

10 可以听到钟琴鸣响。sich lassen +不定式的结构是被动态的替代形式, 可以改写为带 können 的被动态。

langen Schleppkleidern(Schleppkleid n. 拖地长裙) in den Sälen herumspazierten.

In dem Mittelsaal, der ganz in Feuer zu stehen schien — so viel Lichterchen brannten an silbernen Kronleuchtern — tanzten Kinder in kurzen Wämschen und Röckchen nach dem Glockenspiel. Ein Herr in einem smaragdenen Mantel sah oft durch ein Fenster, winkte heraus und verschwand wieder, so wie auch Pate Droßelmeier selbst, aber kaum viel höher als Papas Daumen[11] zuweilen unten an der Tür des Schlosses stand und wieder hineinging. Fritz hatte mit auf den Tisch gestemmten Armen das schöne Schloss und die tanzenden und spazierenden Figürchen angesehen, dann sprach er: »Pate Droßelmeier! Lass mich mal hineingehen in dein Schloss!« — Der Obergerichtsrat bedeutete ihn, dass das nun ganz und gar nicht anginge. Er hatte auch recht, denn es war töricht von Fritzen, dass er in ein Schloss gehen wollte, welches überhaupt mitsamt seinen goldnen Türmen nicht so hoch war, als er selbst[12].

Fritz sah das auch ein(ein/sehen 认识到). Nach einer Weile, als immerfort auf dieselbe Weise die Herrn und Damen hin und her

11 时常有个穿绿大衣的男人从窗口向外张望,一会儿向外招手,一会儿又消失不见,正如罗色美耶教父本人,但却比爸爸的大拇指高不了多少。

12 因为弗里茨要进宫殿里去的想法很愚蠢,要知道连同那些金色塔楼一起,宫殿整个儿还没他本人高呢。welches是指代前一句中的Schloss的关系代词。

spazierten, die Kinder tanzten, der smaragdne Mann zu demselben Fenster heraussah, Pate Droßelmeier vor die Türe trat, da rief Fritz ungeduldig:»Pate Droßelmeier, nun komm mal zu der andern Tür da drüben heraus.«

»Das geht nicht, liebes Fritzchen«, erwiderte (erwidern 回答) der Obergerichtsrat.

»Nun so lass mal«, sprach Fritz weiter,»lass mal den grünen Mann, der so oft herauskuckt, mit den andern herumspazieren.«

»Das geht auch nicht«, erwiderte der Obergerichtsrat aufs neue (重新,再次).

»So sollen die Kinder herunterkommen«, rief Fritz,»ich will sie näher besehen.«

»Ei das geht alles nicht«, sprach der Obergerichtsrat verdrießlich (厌烦地),»wie die Mechanik nun einmal gemacht ist, muss sie bleiben.«

»So-o?«, fragte Fritz mit gedehnten Ton,» das geht alles nicht? Hör mal Pate Droßelmeier, wenn deine kleinen geputzten Dinger in dem Schlosse nichts mehr können als immer dasselbe, da taugen sie nicht viel, und ich frage nicht sonderlich nach ihnen[13]. — Nein, da lob ich mir meine Husaren, die müssen manövrieren vorwärts, rückwärts, wie ich's

13 如果你那些打扮得漂漂亮亮的小东西只能在宫殿里做同样的事,那就没多大用处,我也不会特别在意它们。fragen nach 打听,询问情况

haben will und sind in kein Haus gesperrt.«

Und damit sprang er fort an den Weihnachtstisch und ließ seine Eskadron auf den silbernen Pferden hin und her trottieren und schwenken und einbauen und feuern nach Herzenslust[14]. Auch Marie hatte sich sachte fortgeschlichen, denn auch sie wurde des Herumgehens und Tanzens der Püppchen im Schlosse bald überdrüssig（〈支配第二格〉对……厌倦的）, und mochte es, da sie sehr artig und gut war, nur nicht so merken lassen, wie Bruder Fritz.

[14] 说着，他（指弗里茨）蹦到圣诞礼品桌前，让他那支骑着白马的骑兵队往来行进、弯来绕去、变换队形，并随心所欲地开火。

4 Tag

在圣诞树旁,玛丽发现了一个胡桃夹子小人。他的身材比例失调,但一身骑兵制服却相当精致帅气。小人儿静静地站着,满眼和气,玛丽觉得他跟罗色美耶教父有几分相像。父亲向玛丽演示用胡桃夹子小人的嘴巴咬碎坚果壳,孩子们便轮流用他来磕开胡桃。弗里茨在使用胡桃夹子的时候,夹子嘴里的牙齿脱落了。玛丽心疼地把胡桃夹子包进小手绢里。

Der Obergerichtsrat Droßelmeier sprach ziemlich verdrießlich zu den Eltern:»Für unverständige Kinder ist solch künstliches Werk nicht, ich will nur mein Schloss wieder einpacken«; doch die Mutter trat hinzu, und ließ sich den innern Bau und das wunderbare, sehr künstliche Räderwerk zeigen, wodurch die kleinen Püppchen in Bewegung gesetzt wurden[1]. Der Rat nahm alles auseinander (auseinander/ nehmen 拆卸), und setzte es wieder zusammen (zusammen/setzen 组装). Dabei war er wieder ganz heiter geworden, und schenkte den Kindern noch einige schöne braune Männer und Frauen mit goldnen Gesichtern, Händen und Beinen. Sie waren sämtlich aus Thorn[2], und rochen (riechen 发出气味) so süß und angenehm wie Pfefferkuchen (m. 胡椒饼), worüber Fritz und Marie sich sehr erfreuten. Schwester Luise hatte, wie es die Mutter gewollt, das schöne Kleid angezogen, welches ihr einbeschert worden, und sah wunderhübsch aus, aber Marie meinte, als sie auch ihr Kleid anziehen sollte, sie möchte es lieber noch ein bisschen so ansehen. Man erlaubte ihr das gern.

Eigentlich mochte Marie sich deshalb gar nicht von dem Weihnachtstisch trennen, weil sie

1 妈妈走上前去,让高等法院参事给自己展示宫殿的内部构造,展示那精巧的驱动小人偶的齿轮装置。etw. in Bewegung setzen 开动,启动(功能动词结构)

2 波兰地名,托伦市

eben etwas noch nicht Bemerktes entdeckt hatte. Durch das Ausrücken von Fritzens Husaren, die dicht an dem Baum in Parade gehalten, war nämlich ein sehr vortrefflicher kleiner Mann sichtbar geworden[3], der still und bescheiden dastand, als erwarte er ruhig, wenn die Reihe an ihn kommen werde. Gegen seinen Wuchs wäre freilich vieles einzuwenden gewesen[4], denn abgesehen davon, dass der etwas lange, starke Oberleib nicht recht zu den kleinen dünnen Beinchen passen wollte, so schien auch der Kopf bei weitem zu groß. Vieles machte die propre Kleidung gut, welche auf einen Mann von Geschmack und Bildung schließen ließ. Er trug nämlich ein sehr schönes violettglänzendes Husarenjäckchen mit vielen weißen Schnüren und Knöpfchen, ebensolche Beinkleider, und die schönsten Stiefelchen, die jemals(在任何时候;曾经) an die Füße eines Studenten, ja wohl gar eines Offiziers gekommen sind. Sie saßen an den zierlichen Beinchen so knapp angegossen, als wären sie darauf gemalt. Komisch war es zwar, dass er zu dieser Kleidung sich hinten einen schmalen unbeholfenen Mantel, der recht aussah wie von Holz, angehängt, und ein Bergmannsmützchen aufgesetzt hatte, indessen

3 可以看见一个很出挑的小人儿。

4 对于他的身材,当然有很多可诟病的地方。gegen etw. ein/wenden 对……提出反对意见

dachte Marie daran, dass Pate Droßelmeier ja auch einen sehr schlechten Matin umhänge, und eine fatale Mütze aufsetze, dabei aber doch ein gar lieber Pate sei. Auch stellte Marie die Betrachtung an[5], dass Pate Droßelmeier, trüge er sich auch übrigens so zierlich wie der Kleine, doch nicht einmal so hübsch als er aussehen werde. Indem Marie den netten Mann, den sie auf den ersten Blick(第一眼) liebgewonnen, immer mehr und mehr ansah, da wurde sie erst recht inne(inne/werden 〈支配第二格〉觉察到,认识到), welche Gutmütigkeit auf seinem Gesichte lag. Aus den hellgrünen, etwas zu großen hervorstehenden Augen sprach nichts als Freundschaft und Wohlwollen.[6] Es stand dem Manne gut, dass sich um sein Kinn ein wohlfrisierter Bart von weißer Baumwolle legte, denn umso mehr konnte man das süße Lächeln des hochroten Mundes bemerken.» Ach!«, rief Marie endlich aus, »ach lieber Vater, wem gehört denn der allerliebste kleine Mann dort am Baum? «»Der«, antwortete der Vater,» der, liebes Kind! soll für euch alle tüchtig arbeiten, er soll euch fein die harten Nüsse(Nuss f. 核桃,坚果) aufbeißen(咬开), und er gehört Luisen ebenso

5　玛丽还观察到, die Betrachtung an/stellen 观察,注视

6　他浅绿色的眼睛有点大,向外突出,流露出的只有友好和善意。etw. spricht aus den Augen 从眼睛里流露出……

gut, als dir und dem Fritz.«Damit nahm ihn der Vater behutsam vom Tische, und indem er den hölzernen Mantel in die Höhe hob, sperrte das Männlein den Mund weit, weit auf, und zeigte zwei Reihen sehr weißer spitzer Zähnchen. Marie schob auf des Vaters Geheiß[7] eine Nuss hinein, und — knack — hatte sie der Mann zerbissen, dass die Schalen abfielen, und Marie den süßen Kern in die Hand bekam.[8] Nun musste wohl jeder und auch Marie wissen, dass der zierliche kleine Mann aus dem Geschlecht der Nussknacker abstammte[9], und die Profession seiner Vorfahren trieb. Sie jauchzte auf[10] vor Freude, da sprach der Vater:»Da dir, liebe Marie, Freund Nussknacker so sehr gefällt, so sollst du ihn auch besonders hüten（照料，守护）und schützen（保护）, unerachtet（〈旧〉= ungeachtet 不管；尽管）, wie ich gesagt, Luise und Fritz ihn mit ebenso vielem Recht brauchen können als du!« — Marie nahm ihn sogleich in den Arm[11], und ließ ihn Nüsse aufknacken, doch suchte sie die kleinsten aus, damit das Männlein nicht so weit den Mund aufsperren durfte, welches ihm doch im Grunde（归根结底）nicht gut stand.

Luise gesellte sich zu ihr, und auch für sie

7　听从父亲的吩咐

8　果壳脱落，玛丽手里得到甜甜的果核。etw. in die Hand bekommen 某物到手

9　出身于胡桃夹子家族

10　jauchzen〈雅〉欢呼，auf/jauchzen（突然、短促地）欢呼（一声）

11　玛丽立即搂住他（指胡桃夹子），jn. in den Arm nehmen 搂着、抱住某人

musste Freund Nussknacker seine Dienste verrichten[12], welches er gern zu tun schien, da er immerfort sehr freundlich lächelte. Fritz war unterdessen vom vielen Exerzieren und Reiten müde geworden[13], und da er so lustig Nüsse knacken hörte, sprang er hin zu den Schwestern, und lachte recht von Herzen über den kleinen drolligen Mann, der nun, da Fritz auch Nüsse essen wollte, von Hand zu Hand ging, und gar nicht aufhören konnte mit Auf- und Zuschnappen. Fritz schob immer die größten und härtesten Nüsse hinein, aber mit einem Male ging es — krack — krack — und drei Zähnchen fielen aus des Nussknackers Munde[14], und sein ganzes Unterkinn (n. 下巴) war lose (松动的) und wacklicht. —»Ach mein armer lieber Nussknacker!«, schrie Marie laut, und nahm ihn dem Fritz aus den Händen[15]. » Das ist ein einfältiger dummer Bursche «, sprach Fritz.» Will Nussknacker sein, und hat kein ordentliches Gebiss (n. 全副牙齿) — mag wohl auch sein Handwerk gar nicht verstehn. — Gib ihn nur her, Marie! Er soll mir Nüsse zerbeißen, verliert er auch noch die übrigen Zähne, ja das ganze Kinn obendrein (〈口〉此外,而且), was ist an dem Taugenichts gelegen.«

12　für sie seine Dienste verrichten 为她效劳

13　弗里茨由于长时间操练和骑马而感到疲累了。

14　三颗小牙从胡桃夹子的嘴里掉落。

15　从弗里茨手里拿走了他(指胡桃夹子), jm. etw. aus den Händen nehmen 从某人手里拿走某物

»Nein, nein«, rief Marie weinend,» du bekommst ihn nicht, meinen lieben Nussknacker, sieh nur her, wie er mich so wehmütig anschaut, und mir sein wundes Mündchen zeigt![16]— Aber du bist ein hartherziger Mensch — Du schlägst deine Pferde, und lässt wohl gar einen Soldaten totschießen.« —» Das muss so sein, das verstehst du nicht«, rief Fritz;» aber der Nussknacker gehört ebenso gut mir, als dir, gib ihn nur her.« — Marie fing an heftig zu weinen, und wickelte den kranken Nussknacker schnell in ihr kleines Taschentuch ein[17]. Die Eltern kamen mit dem Paten Droßelmeier herbei. Dieser nahm zu Mariens Leidwesen[18] Fritzens Partie.

16 你瞧瞧,他怎样忧伤地望着我,给我看他那受伤的小嘴!

17 把生病的胡桃夹子很快包进一块小手绢里,ein/wickeln 把……裹起来

18 令玛丽难过地

Tag 5

爸爸宣布胡桃夹子由玛丽单独照料。玛丽为受伤的胡桃夹子包扎好下巴，找齐他脱落的牙齿，抱着小人儿安慰他。罗色美耶教父好奇玛丽为什么会如此钟爱这个小丑八怪。玛丽却告知教父他跟胡桃夹子有诸多相似之处。玛丽家的起居室里有一个专门放置各种玩具的大玻璃橱，最顶层是教父送的精巧艺术品，最底层是玛丽的布娃娃居住的地方。

Der Vater sagte aber:» Ich habe den Nussknacker ausdrücklich unter Mariens Schutz gestellt[1], und da, wie ich sehe, er dessen eben jetzt bedarf, so hat sie volle Macht über ihn, ohne dass jemand dreinzureden hat. Übrigens wundert es mich sehr von Fritzen, dass er von einem im Dienst Erkrankten noch fernere Dienste verlangt. Als guter Militär sollte er doch wohl wissen, dass man Verwundete niemals in Reihe und Glied stellt?« — Fritz war sehr beschämt(惭愧的), und schlich, ohne sich weiter um Nüsse und Nussknacker zu bekümmern[2], fort an die andere Seite des Tisches, wo seine Husaren, nachdem sie gehörige Vorposten ausgestellt hatten, ins Nachtquartier gezogen waren. Marie suchte Nussknackers verlorne Zähnchen zusammen, um das kranke Kinn[3] hatte sie ein hübsches weißes Band, das sie von ihrem Kleidchen abgelöst[4], gebunden(binden 包扎), und dann den armen Kleinen, der sehr blass(脸色苍白的) und erschrocken(受惊吓的) aussah, noch sorgfältiger als vorher in ihr Tuch eingewickelt. So hielt sie ihn wie ein kleines Kind wiegend in den Armen[5], und besah die schönen Bilder des neuen Bilderbuchs, das heute unter den andern

1 胡桃夹子受玛丽保护, jn./etw. unter jmds. Schutz stellen 把某人或某物置于某人的保护之下

2 不再关心胡桃和胡桃夹子的事

3 um das kranke Kinn ein Band binden 用带子包扎受损的下巴

4 她从她的小裙子上取下的(一条漂亮的白带子)

5 她把他如幼儿般抱在怀里轻轻摇晃。wiegen 晃动, 此处为第一分词描述伴随动作。

vielen Gaben lag. Sie wurde, wie es sonst gar nicht ihre Art war, recht böse, als Pate Droßelmeier so sehr lachte, und immerfort fragte: wie sie denn mit solch einem grundhässlichen kleinen Kerl so schöntun könne? Jener sonderbare Vergleich mit Droßelmeier, den sie anstellte, als der Kleine ihr zuerst in die Augen fiel[6], kam ihr wieder in den Sinn[7], und sie sprach sehr ernst:»Wer weiß, lieber Pate, ob du denn, putzest du dich auch so heraus wie mein lieber Nussknacker, und hättest du auch solche schöne blanke Stiefelchen an, wer weiß, ob du denn doch so hübsch aussehen würdest, als er[8]!« — Marie wusste gar nicht, warum denn die Eltern so laut auflachten(auf/lachen 哈哈大笑), und warum der Obergerichtsrat solch eine rote Nase bekam, und gar nicht so hell mitlachte, wie zuvor[9]. Es mochte wohl seine besondere Ursache haben.

Bei Medizinalrats in der Wohnstube, wenn man zur Türe hineintritt gleich links an der breiten Wand steht ein hoher Glasschrank(m. 玻璃橱柜), in welchem die Kinder all die schönen Sachen, die ihnen jedes Jahr einbeschert worden, aufbewahren. Die Luise war noch ganz klein, als der Vater den Schrank

6 最初这个小家伙引起她注意的时候, etw. fällt jm. in die Augen 某物引起某人注目或注意

7 etw. kommt jm. in den Sinn 某人想起某事

8 按当代德语语法，此处的 als 应替换为 wie, 表示同级比较。

9 与从前一样

von einem sehr geschickten Tischler machen ließ, der so himmelhelle Scheiben(Scheibe f.〈窗、玻璃柜或镜子的〉玻璃) einsetzte, und überhaupt das Ganze so geschickt einzurichten wusste, dass alles drinnen sich beinahe blanker und hübscher ausnahm, als wenn man es in Händen hatte[10]. Im obersten Fache(Fach n. 格层;抽屉), für Marien und Fritzen unerreichbar (够不到的), standen des Paten Droßelmeier Kunstwerke, gleich darunter war das Fach für die Bilderbücher, die beiden untersten Fächer durften Marie und Fritz anfüllen wie sie wollten, jedoch geschah es immer, dass Marie das unterste Fach ihren Puppen zur Wohnung einräumte, Fritz dagegen in dem Fache drüber seine Truppen Kantonierungsquartiere beziehen ließ. So war es auch heute gekommen, denn, indem Fritz seine Husaren oben aufgestellt, hatte Marie unten Mamsell Trutchen beiseite gelegt(beiseite/legen 把……放到一旁), die neue schön geputzte Puppe in das sehr gut möblierte (möbliert 配备家具的) Zimmer hineingesetzt, und sich auf Zuckerwerk(n.〈渐旧〉甜食) bei ihr eingeladen. Sehr gut möbliert war das Zimmer, habe ich gesagt, und das ist auch wahr, denn ich weiß nicht, ob du, meine

10 陈列在里面的一切看起来几乎都要比拿在手里的更亮、更美。
sich (A.) aus/nehmen〈雅〉显得,看起来

aufmerksame Zuhörerin Marie! ebenso wie die kleine Stahlbaum (es ist dir schon bekannt worden, dass sie auch Marie heißt), ja! — ich meine, ob du ebenso wie diese, ein kleines schöngeblümtes Sofa, mehrere allerliebste Stühlchen, einen niedlichen (niedlich 可爱的) Teetisch, vor allen Dingen[11] aber ein sehr nettes blankes Bettchen besitzest, worin die schönsten Puppen ausruhen? Alles dieses stand in der Ecke des Schranks, dessen Wände hier sogar mit bunten Bilderchen tapeziert (tapezieren 给……贴墙纸) waren, und du kannst dir wohl denken, dass in diesem Zimmer die neue Puppe, welche, wie Marie noch denselben Abend erfuhr, Mamsell Clärchen hieß, sich sehr wohl befinden[12] musste.

11　尤其，首要的是

12　sich (A.) wohl befinden 感觉舒服

6 Tag

半夜将至,孩子们依旧不愿离开玻璃橱。在玛丽的恳求下,妈妈同意她单独跟玩具们待一会儿。玛丽细心查看胡桃夹子的伤口,看见小人儿脸色惨白,笑容苦楚。玛丽决定请教父帮忙修好胡桃夹子。就在玛丽准备去睡觉的当口,房间里发生了奇特的事:从家具背后发出轻微的声响。墙壁上的大钟发出低沉的嗡嗡声,钟上的猫头鹰探出丑陋的猫头,它耷拉翅膀,盖住了整个钟面。

Es war später Abend geworden, ja Mitternacht im Anzuge, und Pate Droßelmeier längst fortgegangen, als die Kinder noch gar nicht wegkommen konnten von dem Glasschrank, so sehr auch die Mutter mahnte(mahnen 提醒), dass sie doch endlich nun zu Bette gehen (上床睡觉) möchten.»Es ist wahr«, rief endlich Fritz,»die armen Kerls«(seine Husaren meinend)»wollen auch nun Ruhe haben, und solange ich da bin, wagt's keiner, ein bisschen zu nicken, das weiß ich schon!«Damit ging er ab; Marie aber bat gar sehr:»Nur noch ein Weilchen, ein einziges kleines Weilchen lass mich hier, liebe Mutter, hab ich ja doch manches zu besorgen[1], und ist das geschehen, so will ich ja gleich zu Bette gehen!«Marie war gar ein frommes vernünftiges Kind, und so konnte die gute Mutter wohl ohne Sorgen sie noch bei den Spielsachen allein lassen[2]. Damit aber Marie nicht etwa gar zu sehr verlockt(verlocken 诱惑)werde von der neuen Puppe und den schönen Spielsachen überhaupt, so aber die Lichter vergäße, die rings um den Wandschrank brennen, löschte die Mutter sie sämtlich aus(aus/löschen 关〈灯〉), so dass nur die Lampe, die in der Mitte des Zimmers

[1] 我有些事要办。

[2] 让她独自跟玩具待在一起

von der Decke herabhing, ein sanftes anmutiges Licht verbreitete.» Komm bald hinein, liebe Marie! sonst kannst du ja morgen nicht zu rechter Zeit aufstehen«, rief die Mutter, indem sie sich in das Schlafzimmer entfernte[3]. Sobald sich Marie allein befand, schritt sie schnell dazu, was ihr zu tun recht auf dem Herzen lag[4], und was sie doch nicht, selbst wusste sie nicht warum, der Mutter zu entdecken vermochte. Noch immer hatte sie den kranken Nussknacker eingewickelt in ihr Taschentuch auf dem Arm getragen. Jetzt legte sie ihn behutsam(小心谨慎地) auf den Tisch, wickelte leise, leise das Tuch ab, und sah nach den Wunden. Nussknacker war sehr bleich, aber dabei lächelte er so sehr wehmütig freundlich, dass es Marien recht durch das Herz ging.» Ach, Nussknackerchen«, sprach sie sehr leise,»sei nur nicht böse[5], dass Bruder Fritz dir so wehe getan hat, er hat es auch nicht so schlimm gemeint[6], er ist nur ein bisschen hartherzig geworden durch das wilde Soldatenwesen, aber sonst ein recht guter Junge, das kann ich dich versichern. Nun will ich dich aber auch recht sorglich so lange pflegen(照料), bis du wieder ganz gesund und fröhlich geworden; dir deine

3 （妈妈）离开,走进卧室。sich (A.) entfernen 离去,离开

4 做她非常记挂于心的事,etw. liegt jm. auf dem Herzen 某人记挂某事

5 别生气啊

6 他也没有太大恶意。

Zähnchen recht fest einsetzen(安装), dir die Schultern einrenken(使……复原归位), das soll Pate Droßelmeier, der sich auf solche Dinge versteht.« — Aber nicht ausreden konnte Marie, denn indem sie den Namen Droßelmeier nannte, machte Freund Nussknacker ein ganz verdammt schiefes Maul(n.〈兽类的〉嘴), und aus seinen Augen fuhr es heraus, wie grünfunkelnde Stacheln(Stachel m. 刺). In dem Augenblick aber, dass Marie sich recht entsetzen(吃惊) wollte, war es ja wieder des ehrlichen Nussknackers wehmütig lächelndes Gesicht, welches sie anblickte, und sie wusste nun wohl, dass der von der Zugluft berührte, schnell auflodernde(auf/lodern 熊熊燃烧) Strahl der Lampe im Zimmer Nussknackers Gesicht so entstellt(entstellen 使走样) hatte.

»Bin ich nicht ein töricht Mädchen, dass ich so leicht erschrecke, so dass ich sogar glaube, das Holzpüppchen da könne mir Gesichter schneiden[7]! Aber lieb ist mir doch Nussknacker gar zu sehr, weil er so komisch ist, und doch so gutmütig, und darum muss er gepflegt werden, wie sich's gehört[8]!« Damit nahm Marie den Freund Nussknacker in den Arm, näherte sich dem Glasschrank[9], kauerte

7 这个木偶会对我做鬼脸。Gesichter schneiden 做怪相

8 理应如此

9 走近玻璃橱, sich (A.) etw.(D.) nähern 靠近

vor demselben, und sprach also zur neuen Puppe:»Ich bitte dich recht sehr, Mamsell Clärchen, tritt dein Bettchen dem kranken wunden Nussknacker ab[10], und behelfe dich, so gut wie es geht, mit dem Sofa[11]. Bedenke, dass du sehr gesund, und recht bei Kräften bist, denn sonst würdest du nicht solche dicke dunkelrote Backen(Backe f. 面颊) haben, und dass sehr wenige der allerschönsten Puppen solche weiche Sofas besitzen.«

Mamsell Clärchen sah in vollem glänzenden Weihnachtsputz sehr vornehm und verdrießlich aus, und sagte nicht»Muck!«

»Was mache ich aber auch für Umstände[12]«, sprach Marie, nahm das Bette hervor, legte sehr leise und sanft Nussknackerchen hinein, wickelte noch ein gar schönes Bändchen, das sie sonst um den Leib getragen, um die wunden Schultern, und bedeckte ihn bis unter die Nase[13].»Bei der unartigen Cläre darf er aber nicht bleiben«, sprach sie weiter, und hob das Bettchen samt dem darinne liegenden Nussknacker heraus in das obere Fach, so dass es dicht neben dem schönen Dorf zu stehen kam, wo Fritzens Husaren kantonierten(kantonieren〈旧〉宿营,驻扎). Sie verschloss den Schrank und wollte

10 把你的小床让给生病受伤的胡桃夹子吧。jm. etw. ab/treten 把某物转让给某人

11 sich(A.) mit etw./irgendwie behelfen 应急,对付,应付一下

12 我干吗那么麻烦。

13 给他盖上被子,一直盖到鼻子底下

ins Schlafzimmer, da — horcht auf Kinder! — da fing es an leise — leise zu wispern und zu flüstern(耳语) und zu rascheln(发出沙沙/窸窣声) ringsherum, hinter dem Ofen, hinter den Stühlen, hinter den Schränken. — Die Wanduhr schnurrte (schnurren 嗡嗡地响) dazwischen lauter und lauter, aber sie konnte nicht schlagen. Marie blickte hin, da hatte die große vergoldete(vergoldet 镀金的) Eule, die darauf saß, ihre Flügel herabgesenkt[14], so dass sie die ganze Uhr überdeckten und den hässlichen Katzenkopf mit krummen Schnabel weit vorgestreckt. Und stärker schnurrte es mit vernehmlichen (vernehmlich 能清晰听见的) Worten:»Uhr, Uhre, Uhre, Uhren, müsst alle nur leise schnurren, leise schnurren. — Mausekönig hat ja wohl ein feines Ohr — purrpurr — pum pum singt nur, singt ihm altes Liedlein vor[15]— purr purr — pum pum schlag an Glöcklein, schlag an, bald ist es um ihn getan!« Und pum pum ging es ganz dumpf und heiser zwölfmal!

14 它(指猫头鹰)的翅膀耷拉着

15 给他唱古老的小曲, jm. ein Lied vor/singen 在某人面前唱歌

7 Tag

挂钟响了十二下，玛丽听到四周响起奇怪的声音，成千上万只老鼠从地板下和墙壁后跑出来，组成一支老鼠大军。最后出来的是老鼠大王。他长着七颗脑袋，每颗脑袋上都戴着一顶金王冠。老鼠大军朝站在玻璃橱边的玛丽走来，玛丽慌乱之下撞翻了柜子，划伤了手臂。老鼠们似乎被吓跑了，四周恢复了平静。这时，受伤的玛丽却看到橱柜里的玩偶们已行动起来，准备对抗老鼠军队。为了参战，胡桃夹子冒险从橱柜顶层一跃而下，幸好布娃娃克蕾欣小姐及时接住了他。

——Marien fing an sehr zu grauen（感到害怕）, und entsetzt（惊愕的）wär sie beinahe davongelaufen, als sie Pate Droßelmeier erblickte, der statt der Eule auf der Wanduhr saß und seine gelben Rockschöße von beiden Seiten wie Flügel herabgehängt hatte, aber sie ermannte sich（sich〈A.〉ermannen〈雅〉打起精神）und rief laut und weinerlich:»Pate Droßelmeier, Pate Droßelmeier, was willst du da oben? Komm herunter zu mir und erschrecke mich nicht so, du böser Pate Droßelmeier!«—— Aber da ging ein tolles Kichern（偷笑, 此处为名词）und Gepfeife los rundumher, und bald trottierte und lief es hinter den Wänden wie mit tausend kleinen Füßchen und tausend kleine Lichterchen blickten aus den Ritzen der Dielen[1]. Aber nicht Lichterchen waren es, nein! kleine funkelnde Augen, und Marie wurde gewahr[2], dass überall Mäuse hervorguckten（hervor/gucken 探头张望）und sich hervorarbeiteten. Bald ging es trott——trott——hopp hopp in der Stube umher——immer lichtere und dichtere Haufen Mäuse galoppierten hin und her, und stellten sich endlich in Reihe und Glied[3], so wie Fritz seine Soldaten zu stellen pflegte, wenn es zur Schlacht gehen sollte. Das kam nun Marien

1 从地板的缝隙中, Ritze f. 裂缝, Diele f. 地板;过道
2 玛丽觉察到, gewahr werden〈支配第四格或第二格〉觉察,发觉

3 它们（指老鼠们）最终列队排行, in Reihe und Glied 指士兵们集合站队

sehr possierlich(滑稽的) vor, und da sie nicht, wie manche andere Kinder, einen natürlichen Abscheu gegen Mäuse[4] hatte, wollte ihr eben alles Grauen vergehen, als es mit einemmal so entsetzlich und so schneidend zu pfeifen begann, dass es ihr eiskalt über den Rücken lief[5]! — Ach was erblickte sie jetzt! — Nein, wahrhaftig, geehrter Leser Fritz, ich weiß, dass ebenso gut wie dem weisen und mutigen Feldherrn Fritz Stahlbaum dir das Herz auf dem rechten Flecke sitzt, aber, hättest du das gesehen, was Marien jetzt vor Augen kam[6], wahrhaftig du wärst davongelaufen, ich glaube sogar, du wärst schnell ins Bett gesprungen und hättest die Decke viel weiter über die Ohren gezogen als gerade nötig. — Ach! — das konnte die arme Marie ja nicht einmal tun, denn hört nur Kinder! — dicht — dicht vor ihren Füßen sprühte (sprühen 喷溅) es wie von unterirdischer (unterirdisch 地下的，隐秘的) Gewalt getrieben, Sand und Kalk und zerbröckelte (zerbröckeln 碎裂) Mauersteine hervor und sieben Mäuseköpfe mit sieben hellfunkelnden Kronen (Krone f. 王冠) erhoben sich recht grässlich zischend und pfeifend aus dem Boden. Bald arbeitete sich auch der

4 Abscheu gegen … 对……的厌恶

5 当骤然响起恐怖且尖厉的啸叫声时，她脊背直冒冷气，感到毛骨悚然。

6 此时出现在玛丽眼前的(事或物)

Mausekörper, an dessen Hals die sieben Köpfe angewachsen waren[7], vollends hervor und der großen mit sieben Diademen geschmückten Maus jauchzte in vollem Chorus dreimal laut aufquiekend das ganze Heer entgegen, das sich nun auf einmal in Bewegung setzte und hott, hott — trott — trott ging es — ach geradezu auf den Schrank — geradezu auf Marien los, die noch dicht an der Glastüre des Schrankes stand.

Vor Angst und Grauen hatte Marien das Herz schon so gepocht, dass sie glaubte, es müsse nun gleich aus der Brust herausspringen[8] und dann müsste sie sterben; aber nun war es ihr, als stehe ihr das Blut in den Adern still[9]. Halb ohnmächtig (晕晕乎乎的) wankte sie zurück, da ging es klirr — klirr — prr und in Scherben (Scherbe f. 碎片) fiel die Glasscheibe des Schranks herab, die sie mit dem Ellbogen eingestoßen. Sie fühlte wohl in dem Augenblick einen recht stechenden Schmerz[10] am linken Arm, aber es war ihr auch plötzlich viel leichter ums Herz[11], sie hörte kein Quieken und Pfeifen mehr, es war alles ganz still geworden, und, obschon (〈雅〉 ≈ obwohl 虽然) sie nicht hinblicken mochte, glaubte sie doch, die Mäuse wären von dem Klirren der Scheibe erschreckt

7 他(指鼠王)的脖子上长了七颗脑袋。

8 因为恐惧和害怕,玛丽的心怦怦直跳,她以为自己的心脏马上就要蹦出胸膛了。müsse 是第一虚拟式,转述人物的心理活动。

9 她感觉血在血管里停滞了。

10 刺痛

11 她的心突然轻松了许多。

wieder abgezogen in ihre Löcher. — Aber was war denn das wieder? — Dicht hinter Marien fing es an im Schrank auf seltsame Weise(异样地) zu rumoren(发出咕噜/隆隆声) und ganz feine Stimmchen fingen an:»Aufgewacht — aufgewacht — wolln zur Schlacht — noch diese Nacht — aufgewacht — auf zur Schlacht.« — Und dabei klingelte es mit harmonischen Glöcklein gar hübsch und anmutig!»Ach das ist ja mein kleines Glockenspiel«, rief Marie freudig, und sprang schnell zur Seite. Da sah sie wie es im Schrank ganz sonderbar leuchtete und herumwirtschaftete(hermum/wirtschaften〈口〉忙乱) und hantierte(hantieren 忙忙碌碌). Es waren mehrere Puppen, die durcheinanderliefen und mit den kleinen Armen herumfochten[12]. Mit einemmal erhob sich jetzt Nussknacker, warf die Decke weit von sich und sprang mit beiden Füßen zugleich aus dem Bette, indem er laut rief:»Knack knack — knack — dummes Mausepack — dummer toller Schnack — Mausepack — Knack — Knack — Mausepack — Krick und Krack — wahrer Schnack.« Und damit zog er sein kleines Schwert und schwang(schwingen 挥舞) es in den Lüften und rief:»Ihr meine lieben Vasallen(Vasall m.〈贬〉奴

[12] fechten 战斗, 搏斗, herum- 常与动词构成可分动词, 表示"围绕着, 在……周围"或"反复, 来回"。

仆,随从), Freunde und Brüder, wollt ihr mir beistehen(支持) im harten Kampf?« — Sogleich schrien heftig drei Skaramuzze, ein Pantalon, vier Schornsteinfeger, zwei Zitherspielmänner und ein Tambour:» Ja Herr — wir hängen Euch an in standhafter Treue(f. 忠诚) — mit Euch ziehen wir in Tod, Sieg und Kampf [13]!« und stürzten sich(sich 〈A.〉 stürzen 奔,冲) nach dem begeisterten Nussknacker, der den gefährlichen Sprung wagte, vom obern Fach herab. Ja! jene hatten gut sich herabstürzen, denn nicht allein dass sie reiche Kleider von Tuch und Seide trugen, so war inwendig im Leibe[14] auch nicht viel anders als Baumwolle und Häcksel, daher plumpten sie auch herab wie Wollsäckchen. Aber der arme Nussknacker, der hätte gewiss Arm und Beine gebrochen, denn, denkt euch, es war beinahe zwei Fuß hoch vom Fache, wo er stand, bis zum untersten, und sein Körper war so spröde (脆的,易碎的) als sei er geradezu aus Lindenholz geschnitzt. Ja Nussknacker hätte gewiss Arm und Beine gebrochen, wäre, im Augenblick als er sprang, nicht auch Mamsell Clärchen schnell vom Sofa aufgesprungen[15] und hätte den Helden mit dem gezogenen Schwert in ihren weichen Armen aufgefangen[16].

[13] 无论死亡、胜利还是战斗,我们都与您同往!

[14] 指玩偶的身体内部

[15] 胡桃夹子肯定要折胳膊断腿儿啦,要不是在他跳下来的瞬间克蕾欣小姐(玛丽的布娃娃的名字)从沙发上跳起来。

[16] 用她柔软的手臂接住了这位手握出鞘宝剑的英雄

8 Tag

胡桃夹子带领玩偶们对抗七头鼠王的大军。弗里茨的骑兵和炮兵也都从盒子里跳出来参战。号兵吹响进攻的号角,炮兵们向鼠群开火,老鼠的兵力越来越多,双方拼死战斗。布娃娃克蕾欣和特鲁琴不知如何是好,彼此拥抱痛哭。

»Ach du liebes gutes Clärchen!«, schluchzte(schluchzen 抽泣) Marie, »wie habe ich dich verkannt(verkennen 误解，误认), gewiss gabst du Freund Nussknackern dein Bettchen recht gerne her!« Doch Mamsell Clärchen sprach jetzt, indem sie den jungen Helden sanft an ihre seidene Brust drückte: »Wollet Euch, o Herr! krank und wund wie Ihr seid, doch nicht in Kampf und Gefahr begeben(sich〈A.〉begeben 前往), seht wie Eure tapferen Vasallen kampflustig und des Sieges gewiss[1] sich sammeln. Skaramuz, Pantalon, Schornsteinfeger, Zitherspielmann und Tambour sind schon unten und die Devisen-Figuren in meinem Fache rühren und regen sich merklich! Wollet, o Herr! in meinen Armen ausruhen, oder von meinem Federhut herab Euern Sieg anschaun!« So sprach Clärchen, doch Nussknacker tat ganz ungebärdig(难以管束的，犟的) und strampelte(strampeln 手脚乱动) so sehr mit den Beinen, dass Clärchen ihn schnell herab auf den Boden setzen musste.

In dem Augenblick ließ er sich aber sehr artig auf ein Knie nieder[2] und lispelte(lispeln 悄声说话，嗫嚅):»O Dame! stets werd ich Eurer mir bewiesenen Gnade und Huld[3] gedenken in

1　胜券在握地

2　他十分乖巧地单膝跪地。

3　您向我展示的仁慈与恩惠

Kampf und Streit!«Da bückte sich Clärchen so tief herab, dass sie ihn beim Ärmchen ergreifen konnte, hob ihn sanft auf(auf/heben 举起), löste schnell ihren mit vielen Flittern gezierten Leibgürtel los und wollte ihn dem Kleinen umhängen, doch der wich zwei Schritte zurück (zurück/weichen 后退;退缩), legte die Hand auf die Brust, und sprach sehr feierlich(庄重地):»Nicht so wollet o Dame, Eure Gunst an mir verschwenden(浪费,挥霍), denn —« er stockte(stocken 停顿), seufzte tief auf, riss dann schnell das Bändchen, womit ihn Marie verbunden hatte, von den Schultern, drückte es an die Lippen, hing es wie eine Feldbinde um, und sprang, das blankgezogene Schwertlein mutig schwenkend, schnell und behende wie ein Vögelchen über die Leiste(f. 条,边,框) des Schranks auf den Fußboden. Ihr merkt wohl höchst geneigte und sehr vortreffliche Zuhörer, dass Nussknacker schon früher als er wirklich lebendig worden, alles Liebe und Gute, was ihm Marie erzeigte, recht deutlich fühlte[4], und dass er nur deshalb, weil er Marien sogar gut worden, auch nicht einmal ein Band von Mamsell Clärchen annehmen und tragen wollte, unerachtet es sehr glänzte und sehr hübsch

4 胡桃夹子早在真正变活之前就已清楚感受到玛丽对他的爱意和友善。

aussah. Der treue gute Nussknacker putzte sich (sich〈A.〉putzen 装扮) lieber mit Mariens schlichtem Bändchen. — Aber wie wird es nun weiter werden? — Sowie Nussknacker herabspringt, geht auch das Quieken und Piepen wieder los. Ach! unter dem großen Tische halten ja die fatalen Rotten unzähliger Mäuse und über alle ragt die abscheuliche Maus mit den sieben Köpfen hervor[5]! — Wie wird das nun werden[6]! —

»Schlagt den Generalmarsch, getreuer Vasalle Tambour!«, schrie Nussknacker sehr laut und sogleich fing der Tambour an, auf die künstlichste Weise zu wirbeln, dass die Fenster des Glasschranks zitterten (zittern 颤动) und dröhnten (dröhnen 发出隆隆声). Nun krackte und klapperte es drinnen und Marie wurde gewahr, dass die Deckel sämtlicher Schachteln worin Fritzens Armee einquartiert war mit Gewalt auf- und die Soldaten heraus und herab ins unterste Fach sprangen, dort sich aber in blanken Rotten sammelten. Nussknacker lief auf und nieder, begeisterte Worte zu den Truppen sprechend[7]: »Kein Hund von Trompeter regt und rührt sich«, schrie Nussknacker erbost (恼怒的), wandte sich (sich〈A.〉wenden 转身)

5　在所有(老鼠)中鹤立鸡群的是那只讨厌的七头鼠王。hervor/ragen 突出,出众

6　接下来会发生什么呢?

7　胡桃夹子跑上跑下,对士兵们说着鼓劲儿的话。

aber dann schnell zum Pantalon, der etwas blass geworden, mit dem langen Kinn sehr wackelte, und sprach feierlich:»General, ich kenne Ihren Mut und Ihre Erfahrung, hier gilt's schnellen Überblick und Benutzung des Moments[8]— ich vertraue Ihnen das Kommando sämtlicher Kavallerie und Artillerie an — ein Pferd brauchen Sie nicht, Sie haben sehr lange Beine und galoppieren damit leidlich. Tun Sie jetzt was Ihres Berufs ist[9].«

Sogleich drückte Pantalon die dürren langen Fingerchen an den Mund und krähte so durchdringend, dass es klang als würden hundert helle Trompetlein lustig geblasen (blasen 吹奏). Da ging es im Schrank an ein Kichern und Stampfen, und siehe, Fritzens Kürassiere und Dragoner, vor allen Dingen aber die neuen glänzenden Husaren rückten aus(aus/rücken 出动), und hielten bald unten auf dem Fußboden.

Nun defilierte (defilieren 列队通过) Regiment (n. 军团) auf Regiment mit fliegenden Fahnen[10] und klingendem Spiel bei Nussknacker vorüber und stellte sich in breiter Reihe quer über den Boden des Zimmers. Aber vor ihnen her fuhren rasselnd Fritzens Kanonen

8 这儿正需要飞快掌握和利用时机。es gilt 正需要（经常接带 zu 不定式）

9 现在就履行您的职责吧。

10 伴随着飘扬的旗帜，此处 fliegend 为第一分词作定语。

auf, von den Kanoniern umgeben, und bald ging es bum bum und Marie sah wie die Zuckererbsen einschlugen in den dicken Haufen der Mäuse[11], die davon ganz weiß überpudert wurden und sich sehr schämten (sich 〈 A.〉 schämen 感到惭愧,难为情). Vorzüglich tat ihnen aber eine schwere Batterie viel Schaden[12], die auf Mamas Fußbank aufgefahren war und Pum — Pum — Pum, immer hintereinander fort Pfeffernüsse unter die Mäuse schoss, wovon sie umfielen. Die Mäuse kamen aber doch immer näher und überrannten sogar einige Kanonen, aber da ging es Prr — Prr, Prr, und vor Rauch und Staub konnte Marie kaum sehen, was nun geschah. Doch so viel war gewiss, dass jedes Korps sich mit der höchsten Erbitterung (f. 愤怒) schlug, und der Sieg lange hin und her schwankte. Die Mäuse entwickelten immer mehr und mehr Massen, und ihre kleinen silbernen Pillen, die sie sehr geschickt zu schleudern (抛掷) wussten, schlugen schon bis in den Glasschrank hinein.

　　Verzweiflungsvoll (全然绝望地) liefen Clärchen und Trutchen umher, und rangen (ringen 扭,拧) sich die Händchen wund. »Soll ich in meiner blühendsten Jugend[13] sterben! —

11　不久大炮嘣嘣作响,玛丽看到嫩豌豆是如何击中稠密的老鼠群的。ein/schlagen 击毁,击中

12　给他们(指老鼠)带来很大伤害的是一门重炮。

13　在我的花季韶华,blühen 开花,此处 blühend 为第一分词作定语。

ich die schönste der Puppen!«, schrie Clärchen. » Hab ich darum mich so gut konserviert (konservieren 保持,保存), um hier in meinen vier Wänden[14] umzukommen?«, rief Trutchen. Dann fielen sie sich um den Hals[15], und heulten so sehr, dass man es trotz des tollen Lärms doch hören konnte. Denn von dem Spektakel (m. 热闹场面), der nun losging, habt ihr kaum einen Begriff[16], werte Zuhörer. — Das ging — Prr — Prr — Puff, Piff — Schnetterdeng — Schnetterdeng — Bum, Burum, Bum — Burum — Bum — durcheinander und dabei quiekten und schrien Mauskönig und Mäuse, und dann hörte man wieder Nussknackers gewaltige Stimme, wie er nützliche Befehle austeilte[17] und sah ihn, wie er über die im Feuer stehenden Bataillone hinwegschritt!

14 惯用语,在我自己家中
15 他们拥抱彼此。
16 einen Begriff von etw. haben 能想象,能理解
17 Befehle aus/teilen 发号施令

Tag 9

　　胡桃夹子带领的玩偶军队艰苦奋战,伤亡惨重,最后被迫退到玻璃橱旁。橱柜里跑出泥娃娃,组建成新的军队,然而这些菜鸟们作战经验欠缺,无法扭转败局。眼看胡桃夹子将军即将落入敌人手中,玛丽抓起左脚的鞋子砸向鼠群,击中了七头鼠王。就在一瞬间,一切烟消云散,恢复平静。玛丽受伤的左臂一阵剧痛,她晕倒在地。

— Pantalon hatte einige sehr glänzende Kavallerieangriffe gemacht und sich mit Ruhm bedeckt[1], aber Fritzens Husaren wurden von der Mäuseartillerie mit hässlichen, übelriechenden Kugeln beworfen, die ganz fatale Flecke(f. 污点) in ihren roten Wämsern machten, weshalb sie nicht recht vor wollten. Pantalon ließ sie links abschwenken (转向) und in der Begeisterung des Kommandierens machte er es ebenso und seine Kürassiere und Dragoner auch, das heißt, sie schwenkten alle links ab, und gingen nach Hause.

Dadurch geriet die auf der Fußbank postierte Batterie in Gefahr[2], und es dauerte auch gar nicht lange, so kam ein dicker Haufe sehr hässlicher Mäuse und rannte so stark an, dass die ganze Fußbank mitsamt den Kanonieren und Kanonen umfiel(um/fallen 栽倒). Nussknacker schien sehr bestürzt(震惊的), und befahl, dass der rechte Flügel eine rückgängige Bewegung machen[3] solle. Du weißt, o mein kriegserfahrner Zuhörer Fritz! dass eine solche Bewegung machen, beinahe so viel heißt als davonlaufen[4] und betrauerst (betrauern 哀叹,悼念) mit mir schon jetzt das Unglück, was über die Armee des kleinen von Marie geliebten Nussknackers

1 sich(A.) mit Ruhm bedecken 荣誉满身

2 布置在脚凳上的大炮便陷入险境。in Gefahr geraten 陷入危险之中

3 向后退,往后撤

4 几乎就意味着临阵脱逃

kommen sollte! — Wende jedoch dein Auge von diesem Unheil ab, und beschaue den linken Flügel der Nussknackerischen Armee, wo alles noch sehr gut steht und für Feldherrn und Armee viel zu hoffen ist[5]. Während des hitzigsten Gefechts(Gefecht n. 战斗) waren leise leise Mäuse-Kavalleriemassen unter der Kommode herausdebouchiert, und hatten sich unter lautem grässlichen Gequiek mit Wut auf den linken Flügel der Nussknackerischen Armee geworfen, aber welchen Widerstand(m. 抵抗) fanden sie da! — Langsam, wie es die Schwierigkeit des Terrains nur erlaubte, da die Leiste des Schranks zu passieren(经过,越过), war das Devisen-Korps unter der Anführung zweier chinesischer Kaiser vorgerückt, und hatte sich en quarré plain formiert. — Diese wackern, sehr bunten und herrlichen Truppen, die aus vielen Gärtnern, Tirolern, Tungusen, Friseurs, Harlekins, Kupidos, Löwen, Tigern, Meerkatzen und Affen bestanden, fochten mit Fassung(f. 镇定), Mut und Ausdauer(f. 毅力；耐力). Mit spartanischer Tapferkeit hätte dies Bataillon von Eliten dem Feinde den Sieg entrissen[6], wenn nicht ein verwegener(verwegen 鲁莽的) feindlicher Rittmeister tollkühn

5 那儿情况都很好，统帅和士兵还大有希望。

6 从敌人手中夺取胜利，jm. den Sieg entreißen 从某人处夺取胜利

vordringend einem der chinesischen Kaiser den Kopf abgebissen und dieser im Fallen zwei Tungusen und eine Meerkatze erschlagen（杀死）hätte. Dadurch entstand eine Lücke, durch die der Feind eindrang（ein/dringen 侵入）und bald war das ganze Bataillon zerbissen. Doch wenig Vorteil hatte der Feind von dieser Untat[7]. Sowie ein Mäusekavallerist mordlustig einen der tapfern Gegner mittendurch zerbiss, bekam er einen kleinen gedruckten Zettel in den Hals[8], wovon er augenblicklich starb. — Half dies aber wohl auch der Nussknackerischen Armee, die, einmal rückgängig geworden, immer rückgängiger wurde und immer mehr Leute verlor, so dass der unglückliche Nussknacker nur mit einem gar kleinen Häufchen dicht vor dem Glasschranke hielt?

»Die Reserve（f. 后备军；预备队）soll heran! — Pantalon — Skaramuz, Tambour — wo seid ihr?« — So schrie Nussknacker, der noch auf neue Truppen hoffte, die sich aus dem Glasschrank entwickeln sollten[9]. Es kamen auch wirklich einige braune Männer und Frauen aus Thorn mit goldnen Gesichtern, Hüten und Helmen heran, die fochten aber so ungeschickt um sich herum, dass sie keinen der Feinde

7　不过敌人从这恶行中的获益微乎其微。

8　ein gedruckter Zettel 印有文字的纸条, etw. in den Hals bekommen 吞下某物

9　他（指胡桃夹子）还希望从玻璃橱里产生出新的队伍。hoffen auf + A. 期望

trafen(treffen 击中) und bald ihrem Feldherrn Nussknacker selbst die Mütze vom Kopfe heruntergefochten hätten. Die feindlichen Chasseurs bissen ihnen auch bald die Beine ab, so dass sie umstülpten[10] und noch dazu einige von Nussknackers Waffenbrüdern erschlugen. Nun war Nussknacker vom Feinde dicht umringt[11], in der höchsten Angst und Not. Er wollte über die Leiste des Schranks springen, aber die Beine waren zu kurz, Clärchen und Trutchen lagen in Ohnmacht[12], sie konnten ihm nicht helfen — Husaren — Dragoner sprangen lustig bei ihm vorbei und hinein, da schrie er auf in heller Verzweiflung (f. 绝望):»Ein Pferd — ein Pferd — ein Königreich für ein Pferd[13]!« — In dem Augenblick packten ihn zwei feindliche Tirailleurs bei dem hölzernen Mantel und im Triumph aus sieben Kehlen aufquiekend, sprengte Mausekönig heran. Marie wusste sich nicht mehr zu fassen[14],»O mein armer Nussknacker — mein armer Nussknacker!«, so rief sie schluchzend, fasste, ohne sich deutlich ihres Tuns bewusst zu sein[15], nach ihrem linken Schuh, und warf ihn mit Gewalt in den dicksten Haufen der Mäuse hinein auf ihren König. In dem Augenblick schien alles verstoben

10 stülpen 意为"翻转"或"罩上,套上",加上可分前缀 um-后语义加强,表示"把……翻过来,倒过来"。

11 umringen 包围,此处 um 为不可分前缀,故重音在后。

12 晕倒在地

13 用一个王国换取一匹马!

14 玛丽再也无法保持镇定。

15 不太清楚自己在做什么

(verstieben〈旧,雅〉消失) und verflogen, aber Marie empfand am linken Arm einen noch stechendern Schmerz als vorher und sank ohnmächtig zur Erde nieder.

Tag 10

　　玛丽苏醒过来,妈妈给她讲了半夜发生的事:她当时看到玛丽昏倒在地上,胡桃夹子躺在她流血的胳膊上,四周横七竖八扔着弗里茨的骑兵和玩偶,不远处撂着玛丽左脚的鞋子。大夫过来给玛丽治疗了伤口。稍后,罗色美耶教父前来探视。玛丽告诉他夜里胡桃夹子和鼠王大战的事,妈妈嗔怪玛丽胡思乱想,教父却扮起鬼脸,还说起了奇奇怪怪的话,内容竟跟壁钟、猫头鹰、鼠王有关。为了安慰心有余悸的玛丽,教父把已经修好的胡桃夹子还给她。

Als Marie wie aus tiefem Todesschlaf erwachte(erwachen 苏醒), lag sie in ihrem Bettchen und die Sonne schien hell und funkelnd durch die mit Eis belegten Fenster in das Zimmer hinein. Dicht neben ihr saß ein fremder Mann, den sie aber bald für den Chirurgus Wendelstern erkannte(erkennen 辨认出). Der sprach leise:»Nun ist sie aufgewacht!« Da kam die Mutter herbei und sah sie mit recht ängstlich forschenden Blicken an.»Ach liebe Mutter«, lispelte die kleine Marie:»sind denn nun die hässlichen Mäuse alle fort, und ist denn der gute Nussknacker gerettet?«

»Sprich nicht solch albernes(albern 愚蠢的) Zeug, liebe Marie«, erwiderte die Mutter,»was haben die Mäuse mit dem Nussknacker zu tun. Aber du böses Kind, hast uns allen recht viel Angst und Sorge gemacht. Das kommt davon her, wenn die Kinder eigenwillig(执拗的) sind und den Eltern nicht folgen(遵循). Du spieltest gestern bis in die tiefe Nacht hinein[1] mit deinen Puppen. Du wurdest schläfrig(困倦的), und mag es sein, dass ein hervorspringendes Mäuschen, deren es doch sonst hier nicht gibt, dich erschreckt hat; genug du stießest mit dem Arm eine Glasscheibe des Schranks ein und

[1] 直到深夜

schnittest dich so sehr in den Arm², dass Herr Wendelstern, der dir eben die noch in den Wunden steckenden Glasscherbchen herausgenommen hat, meint, du hättest, zerschnitt das Glas eine Ader (f. 血管), einen steifen Arm behalten, oder dich gar verbluten³ können. Gott sei gedankt, dass ich um Mitternacht erwachend, und dich noch so spät vermissend, aufstand, und in die Wohnstube ging. Da lagst du dicht neben dem Glasschrank ohnmächtig auf der Erde und blutetest sehr. Bald wär ich vor Schreck auch ohnmächtig geworden⁴. Da lagst du nun, und um dich her zerstreut (分散的) erblickte ich viele von Fritzens bleiernen Soldaten und andere Puppen, zerbrochene Devisen, Pfefferkuchenmänner; Nussknacker lag aber auf deinem blutenden Arme und nicht weit von dir dein linker Schuh.«

»Ach Mütterchen, Mütterchen«, fiel Marie ein⁵: »sehen Sie wohl, das waren ja noch die Spuren (Spur f. 痕迹) von der großen Schlacht zwischen den Puppen und Mäusen, und nur darüber bin ich so sehr erschrocken, als die Mäuse den armen Nussknacker, der die Puppenarmee kommandierte, gefangennehmen (俘虏) wollten. Da warf ich meinen Schuh

2　sich (A.) in den Arm schneiden 划伤自己的手臂

3　(sich ⟨A.⟩) verbluten 流血而死，不可分前缀 ver-常表示终结、死亡或错误。

4　我差点也吓得晕过去。wäre... ohnmächtig geworden 此处是第二虚拟式。

5　玛丽插话。

unter die Mäuse und dann weiß ich weiter nicht was vorgegangen. « Der Chirurgus Wendelstern winkte der Mutter mit den Augen[6] und diese sprach sehr sanft zu Marien:»Lass es nur gut sein, mein liebes Kind! — beruhige dich, die Mäuse sind alle fort und Nussknackerchen steht gesund und lustig im Glasschrank. «

Nun trat der Medizinalrat ins Zimmer und sprach lange mit dem Chirurgus Wendelstern; dann fühlte er Mariens Puls(m. 脉搏) und sie hörte wohl, dass von einem Wundfieber die Rede war[7]. Sie musste im Bette bleiben und Arzenei nehmen und so dauerte es einige Tage, wiewohl sie außer einigem Schmerz am Arm sich eben nicht krank und unbehaglich(不舒服) fühlte. Sie wusste, dass Nussknackerchen gesund aus der Schlacht sich gerettet hatte, und es kam ihr manchmal wie im Traume vor[8], dass er ganz vernehmlich, wiewohl mit sehr wehmütiger Stimme sprach:» Marie, teuerste Dame, Ihnen verdanke ich viel, doch noch mehr können Sie für mich tun!«

Marie dachte vergebens darüber nach, was das wohl sein könnte, es fiel ihr durchaus nicht ein. Spielen konnte Marie gar nicht recht, wegen des wunden Arms, und wollte sie lesen,

6 对母亲使眼色,jm. mit den Augen winken 用眼睛向某人示意

7 正说起伤口感染发烧,von etw./jm. ist die Rede 谈到某人或某事

8 她有时觉得像在梦中。etw./jd. kommt jm. irgendwie vor 某事/某人使某人觉得……

oder in den Bilderbüchern blättern, so flimmerte es ihr seltsam vor den Augen⁹, und sie musste davon ablassen¹⁰. So musste ihr nun wohl die Zeit recht herzlich lang werden, und sie konnte kaum die Dämmerung erwarten, weil dann die Mutter sich an ihr Bett setzte, und ihr sehr viel Schönes vorlas und erzählte. Eben hatte die Mutter die vorzügliche Geschichte vom Prinzen Fakardin vollendet(vollenden 完成,结束), als die Türe aufging, und der Pate Droßelmeier mit den Worten hineintrat:»Nun muss ich doch wirklich einmal selbst sehen, wie es mit der kranken und wunden Marie zusteht¹¹.« Sowie Marie den Paten Droßelmeier in seinem gelben Röckchen erblickte, kam ihr das Bild jener Nacht, als Nussknacker die Schlacht wider die Mäuse verlor, gar lebendig vor Augen¹², und unwillkürlich(不由自主地) rief sie laut dem Obergerichtsrat entgegen:»O Pate Droßelmeier, du bist recht hässlich gewesen, ich habe dich wohl gesehen, wie du auf der Uhr saßest, und sie mit deinen Flügeln bedecktest, dass sie nicht laut schlagen sollte, weil sonst die Mäuse verscheucht (verscheuchen 赶走) worden wären — ich habe es wohl gehört, wie du dem Mausekönig riefest! — warum kamst du dem

9　Es flimmert jm. vor den Augen. 某人眼前冒金星。

10　von etw. ab/lassen 停止,放弃,作罢

11　生病受伤的玛丽情况怎样

12　那天夜里的景象生动地显现在她的眼前。

Nussknacker, warum kamst du mir nicht zu Hülfe[13], du hässlicher Pate Droßelmeier, bist du denn nicht allein schuld, dass ich verwundet und krank im Bette liegen muss?« — Die Mutter fragte ganz erschrocken:»Was ist dir denn, liebe Marie?«

Aber der Pate Droßelmeier schnitt sehr seltsame Gesichter, und sprach mit schnarrender, eintöniger (eintönig 单调的) Stimme: »Perpendikel (m./n. 〈旧〉钟摆) musste schnurren — picken — wollte sich nicht schicken — Uhren — Uhren — Uhrenperpendikel müssen schnurren — leise schnurren — schlagen Glocken laut kling klang — Hink und Honk, und Honk und Hank — Puppenmädel sei nicht bang! — schlagen Glöcklein, ist geschlagen, Mausekönig fortzujagen, kommt die Eul im schnellen Flug — Pak und Pik, und Pik und Puk — Glöcklein bim bim — Uhren — schnurr schnurr — Perpendikel müssen schnurren — picken wollte sich nicht schicken — Schnarr und schnurr, und pirr und purr!« — Marie sah den Paten Droßelmeier starr mit großen Augen an, weil er ganz anders, und noch viel hässlicher aussah, als sonst, und mit dem rechten Arm hin und her schlug, als würd er gleich einer

[13] 你为什么不来帮我？Hülfe 〈旧〉= Hilfe, jm. zu Hilfe kommen 来帮助某人

Drahtpuppe gezogen. Es hätte ihr ordentlich grauen können vor dem Paten, wenn die Mutter nicht zugegen gewesen wäre[14], und wenn nicht endlich Fritz, der sich unterdessen hineingeschlichen, ihn mit lautem Gelächter(n. 大笑) unterbrochen(unterbrechen 打断) hätte.

»Ei, Pate Droßelmeier«, rief Fritz,» du bist heute wieder auch gar zu possierlich, du gebärdest dich ja wie mein Hampelmann(m. 提线玩偶)[15], den ich längst hinter den Ofen geworfen.« Die Mutter blieb sehr ernsthaft, und sprach:»Lieber Herr Obergerichtsrat, das ist ja ein recht seltsamer Spaß, was meinen Sie denn eigentlich?«

»Mein Himmel!«, erwiderte Droßelmeier lachend,» kennen Sie denn nicht mehr mein hübsches Uhrmacherliedchen[16]? Das pfleg ich immer zu singen bei solchen Patienten wie Marie.« Damit setzte er sich schnell dicht an Mariens Bette, und sprach:» Sei nur nicht böse, dass ich nicht gleich dem Mausekönig alle vierzehn Augen ausgehackt, aber es konnte nicht sein, ich will dir auch statt dessen eine rechte Freude machen.« Der Obergerichtsrat langte(langen 伸手去取) mit diesen Worten in die Tasche, und was er nun leise, leise

14 倘若妈妈不在身边，玛丽真要被这位教父吓坏了。

15 sich(A.) irgendwie gebärden〈贬〉做出(不正常的)举动

16 您不记得我那首美妙的制表匠之歌了？

hervorzog[17], war der Nussknacker, dem er sehr geschickt die verlornen Zähnchen fest eingesetzt, und den lahmen Kinnbacken eingerenkt hatte[18].

17 他轻轻掏出来的东西

18 他麻利地把崩掉的牙齿给胡桃夹子安得牢牢的，并复原了瘫软的下巴。

Tag 11

教父告诉玛丽,胡桃夹子小人之所以相貌丑陋,乃是事出有因。于是他开始讲述芘尔丽帕公主、鼠巫婆毛瑟吝克和制表师的故事。芘尔丽帕公主尚在襁褓中,美丽可爱,举国欢欣,唯独王后忧心忡忡,命多名侍从抱着公猫看守女儿的摇篮。原来王后无意中得罪了鼠王的老婆,担心她对芘尔丽帕公主不利。说到她们结下梁子的过程,起因是芘尔丽帕的父王举办的一顿香气四溢的香肠盛宴。

Marie jauchzte laut auf vor Freude, aber die Mutter sagte lächelnd:»Siehst du nun wohl, wie gut es Pate Droßelmeier mit deinem Nussknacker meint?«

»Du musst es aber doch eingestehen(承认), Marie«, unterbrach der Obergerichtsrat die Medizinalrätin,»du musst es aber doch eingestehen, dass Nussknacker nicht eben zum besten gewachsen, und sein Gesicht nicht eben schön zu nennen ist[1]. Wie sotane(sotan〈旧〉= solch 这样的,如此的) Hässlichkeit in seine Familie gekommen und vererbt(vererben 把……遗传给) worden ist, das will ich dir wohl erzählen, wenn du es anhören willst. Oder weißt du vielleicht schon die Geschichte von der Prinzessin Pirlipat[2], der Hexe Mauserinks[3] und dem künstlichen Uhrmacher?«

»Hör mal«, fiel hier Fritz unversehens(突然地,意外地) ein,»hör mal, Pate Droßelmeier, die Zähne hast du dem Nussknacker richtig eingesetzt, und der Kinnbacken ist auch nicht mehr so wackelig, aber warum fehlt ihm das Schwert, warum hast du ihm kein Schwert umgehängt?«

»Ei«, erwiderte der Obergerichtsrat ganz unwillig(不情愿地),»du musst an allem

[1] 他的面孔也称不上漂亮。

[2] 芘尔丽帕公主,她是教父故事里的主要人物。

[3] 鼠巫婆毛瑟吝克,也是教父故事里的人物。

mäkeln(挑剔) und tadeln, Junge! Was geht mich Nussknackers Schwert an[4], ich habe ihn am Leibe kuriert(kurieren 治愈), mag er sich nun selbst ein Schwert schaffen wie er will.«

[4] 胡桃夹子的剑跟我有啥关系？Das geht mich nichts an. 这跟我毫不相干。

»Das ist wahr«, rief Fritz,»ist's ein tüchtiger Kerl, so wird er schon Waffen zu finden wissen.«

»Also Marie«, fuhr der Obergerichtsrat fort,»sage mir, ob du die Geschichte weißt von der Prinzessin Pirlipat?«

»Ach nein«, erwiderte Marie,»erzähle, lieber Pate Droßelmeier, erzähle!«

»Ich hoffe«, sprach die Medizinalrätin, »ich hoffe, lieber Herr Obergerichtsrat, dass Ihre Geschichte nicht so graulich(可怕的) sein wird, wie gewöhnlich alles ist, was Sie erzählen?«

»Mitnichten[5], teuerste Frau Medizinalrätin«, erwiderte Droßelmeier,»im Gegenteil ist das gar spaßhaft, was ich vorzutragen die Ehre haben werde.«

[5] mitnichten〈渐旧,雅〉绝非，一点也不，相当于 keineswegs 或 auf keinen Fall。

»Erzähle, o erzähle, lieber Pate«, so riefen die Kinder, und der Obergerichtsrat fing also an:

» Pirlipats Mutter war die Frau eines Königs, mithin(〈雅〉所以) eine Königin, und Pirlipat selbst in demselben Augenblick, als sie geboren wurde, eine geborne Prinzessin. Der König war außer sich vor Freude[6] über das schöne Töchterchen, das in der Wiege(f. 摇篮) lag, er jubelte laut auf[7], er tanzte und schwenkte sich auf einem Beine, und schrie ein Mal über das andere: ›Heisa! — hat man was Schöneres jemals gesehen, als mein Pirlipatchen?‹ — Aber alle Minister, Generale und Präsidenten und Stabsoffiziere sprangen, wie der Landesvater, auf einem Beine herum, und schrien sehr: ›Nein, niemals!‹ Zu leugnen war es aber auch in der Tat gar nicht[8], dass wohl, solange die Welt steht, kein schöneres Kind geboren wurde, als eben Prinzessin Pirlipat. Ihr Gesichtchen war wie von zarten lilienweißen (lilienweiß 白如百合的) und rosenroten (rosenrot 红似玫瑰的) Seidenflocken gewebt, die Äugelein lebendige funkelnde Azure, und es stand hübsch, dass die Löckchen sich in lauter glänzenden Goldfaden kräuselten. Dazu hatte Pirlipatchen zwei Reihen kleiner Perlzähnchen(珍珠般美丽的小牙齿) auf die Welt gebracht, womit sie zwei Stunden nach der Geburt dem Reichskanzler in den Finger biss[9], als er die Lineamente näher untersuchen wollte, so dass er laut aufschrie:

6　喜不自胜，außer sich sein 失去自控

7　auf/jubeln ≈ auf/jauchzen 发出短促的欢呼声

8　事实上也无法否认，Es war nicht zu leugnen 是带情态动词 müssen/können 的被动态的替代形式。

9　咬了帝国首相的手指头，jm. in den Finger beißen 咬某人的手指

»O jemine!« — Andere behaupten, er habe: ›Au weh!‹ geschrien, die Stimmen sind noch heutzutage darüber sehr geteilt.

Kurz, Pirlipatchen biss wirklich dem Reichskanzler in den Finger, und das entzückte (entzücken 使陶醉) Land wusste nun, dass auch Geist, Gemüt und Verstand in Pirlipats kleinem engelschönen Körperchen wohne. — Wie gesagt, alles war vergnügt, nur die Königin war sehr ängstlich und unruhig, niemand wusste warum? Vorzüglich fiel es auf[10], dass sie Pirlipats Wiege so sorglich bewachen (看守) ließ. Außerdem, dass die Türen von Trabanten (Trabant m. 〈旧〉卫兵) besetzt waren, mussten, die beiden Wärterinnen dicht an der Wiege abgerechnet, noch sechs andere, Nacht für Nacht ringsumher in der Stube sitzen. Was aber ganz närrisch (古怪的) schien, und was niemand begreifen konnte, jede dieser sechs Wärterinnen musste einen Kater auf den Schoß nehmen[11], und ihn die ganze Nacht streicheln (抚摸), dass er immerfort zu spinnen genötigt wurde. Es ist unmöglich, dass ihr, lieben Kinder, erraten (猜出) könnt, warum Pirlipats Mutter all diese Anstalten machte[12], ich weiß es aber, und will es euch gleich sagen.

10　尤其引人注意的是

11　六名女看护每人都必须在怀里抱只公猫。

12　为什么芘尔丽帕的妈妈要作这些部署。Anstalten machen 〈常用于短语〉准备

Es begab sich, dass einmal an dem Hofe von Pirlipats Vater viele vortreffliche Könige und sehr angenehme Prinzen versammelt waren, weshalb es denn sehr glänzend herging, und viel Ritterspiele, Komödien und Hofbälle gegeben wurden. Der König, um recht zu zeigen, dass es ihm an Gold und Silber gar nicht mangle[13], wollte nun einmal einen recht tüchtigen Griff in den Kronschatz tun, und was Ordentliches daraufgehen lassen. Er ordnete daher, zumal er von dem Oberhofküchenmeister insgeheim erfahren, dass der Hofastronom(m. 宫廷天文学家) die Zeit des Einschlachtens angekündigt, einen großen Wurstschmaus(m. 香肠盛宴) an, warf sich in den Wagen[14], und lud selbst sämtliche Könige und Prinzen nur auf einen Löffel Suppe ein, um sich der Überraschung mit dem Köstlichen zu erfreuen.

Nun sprach er sehr freundlich zur Frau Königin:›Dir ist ja schon bekannt, Liebchen! wie ich die Würste gern habe!‹ Die Königin wusste schon, was er damit sagen wollte, es hieß nämlich nichts anders, als sie selbst sollte sich, wie sie auch sonst schon getan, dem sehr nützlichen Geschäft des Wurstmachens unterziehen[15]. Der Oberschatzmeister musste

13 他不缺金少银。
Es mangelt jm. an etw.
(D.) 某人缺乏某物

14 跳上马车

15 这话的意思无非就是要她亲自去煮香肠,这件有意义的事她往常也做过。sich (A.) einer Sache(G.) unterziehen 〈书〉经受,承担

sogleich den großen goldnen Wurstkessel（m. 香肠锅）und die silbernen Kasserollen zur Küche abliefern; es wurde ein großes Feuer von Sandelholz angemacht[16], die Königin band ihre damastene Küchenschürze um, und bald dampften（dampfen 蒸发，散发）aus dem Kessel die süßen Wohlgerüche（Wohlgeruch m.〈雅〉香味）der Wurstsuppe. Bis in den Staatsrat drang der anmutige Geruch; der König, von innerem Entzücken erfasst, konnte sich nicht halten[17].›Mit Erlaubnis, meine Herren!‹, rief er, sprang schnell nach der Küche, umarmte die Königin, rührte（rühren 搅拌）etwas mit dem goldnen Szepter（=Zepter n./m. 权杖）in dem Kessel, und kehrte dann beruhigt in den Staatsrat zurück. Eben nun war der wichtige Punkt gekommen, dass der Speck（m. 肥肉）in Würfel geschnitten[18], und auf silbernen Rosten geröstet（rösten 焙,炒）werden sollte.

16 一大堆檀香木被点燃。Feuer an/machen 生火

17 国王心醉神迷,难以自持。

18 etw. in Würfel schneiden 把某物切成小方丁

12 Tag

鼠婆子请求王后施舍点肥肉,好心的王后照做了。谁知,鼠婆子的七个儿子和亲戚都来了,他们几乎吃光了所有的肥肉。香肠盛宴上,国王发现肥肉过少,悲痛万分,痛苦呻吟。在得知真相后,国王下令制裁老鼠一家。为了彻底根除老鼠偷吃肥肉的弊端,国王委派宫廷制表师(恰好此人与玛丽的教父同名,居然也叫罗色美耶)设计出精巧的捕鼠机关。在肥肉的诱惑下,鼠婆子的儿子和亲属几乎全部落网并被国王处决。幸存下来的鼠婆子决定要复仇,她现身威胁王后:她将对小公主实施报复。

Die Hofdamen traten ab(ab/treten 离开), weil die Königin dies Geschäft aus treuer Anhänglichkeit(f. 依恋) und Ehrfurcht vor dem königlichen Gemahl allein unternehmen wollte. Allein sowie der Speck zu braten anfing, ließ sich ein ganz feines wisperndes Stimmchen vernehmen[1]: ›Von dem Brätlein gib mir auch, Schwester! — will auch schmausen(〈渐旧〉津津有味地吃), bin ja auch Königin — gib mir von dem Brätlein!‹ — Die Königin wusste wohl, dass es Frau Mauserinks war, die also sprach. Frau Mauserinks wohnte schon seit vielen Jahren in des Königs Palast. Sie behauptete, mit der königlichen Familie verwandt(有亲戚关系的) und selbst Königin in dem Reiche Mausolien zu sein, deshalb hatte sie auch eine große Hofhaltung unter dem Herde. Die Königin war eine gute mildtätige Frau, wollte sie daher auch sonst Frau Mauserinks nicht gerade als Königin und als ihre Schwester anerkennen (认可), so gönnte (gönnen 赐予) sie ihr doch von Herzen an dem festlichen Tage die Schmauserei, und rief: ›Kommt nur hervor, Frau Mauserinks, Ihr möget immerhin von meinem Speck genießen.‹ Da kam auch Frau Mauserinks sehr schnell und

1　传来喃喃细语声

lustig hervorgehüpft, sprang auf den Herd, und ergriff mit den zierlichen kleinen Pfötchen ein Stückchen Speck nach dem andern², das ihr die Königin hinlangte. Aber nun kamen alle Gevattern und Muhmen (**Muhme** f. 〈旧〉= Tante 姑母, 姨母) der Frau Mauserinks hervorgesprungen, und auch sogar ihre sieben Söhne, recht unartige Schlingel, die machten sich über den Speck her³, und nicht wehren (阻止) konnte ihnen die erschrockene Königin. Zum Glück kam die Oberhofmeisterin dazu, und verjagte (**verjagen** 赶跑) die zudringlichen (**zudringlich** 纠缠不休的) Gäste, so dass noch etwas Speck übrigblieb, welcher, nach Anweisung des herbeigerufenen Hofmathematikers⁴ sehr künstlich auf alle Würste verteilt wurde⁵.

Pauken und Trompeten erschallten, alle anwesenden Potentaten und Prinzen zogen in glänzenden Feierkleidern zum Teil auf weißen Zeltern, zum Teil in kristallnen Kutschen zum Wurstschmause. Der König empfing (**empfangen** 接待) sie mit herzlicher Freundlichkeit und Huld, und setzte sich dann, als Landesherr mit Kron und Szepter angetan, an die Spitze des Tisches. Schon in der Station der Leberwürste

2 用纤细的小爪子抓起一块肥肉，又抓起一块。

3 他们（指鼠王后的儿子们）贪婪地大吃起肥肉。sich (A.) über etw. (A.) her/machen 急切地开始吃东西

4 遵照被传唤过来的宫廷数学家的指点

5 （肥肉）被巧妙地分配到所有的香肠上。

sah man, wie der König immer mehr und mehr erblasste, wie er die Augen gen Himmel(朝着天空) hob — leise Seufzer entflohen seiner Brust — ein gewaltiger Schmerz schien in seinem Innern zu wühlen(翻挖)! Doch in der Station der Blutwürste sank er laut schluchzend und ächzend (ächzen 叹气, 呻吟), in den Lehnsessel zurück, er hielt beide Hände vors Gesicht[6], er jammerte und stöhnte[7]. — Alles sprang auf von der Tafel, der Leibarzt(m. 御医) bemühte sich vergebens des unglücklichen Königs Puls zu erfassen, ein tiefer, namenloser Jammer schien ihn zu zerreißen. Endlich, endlich, nach vielem Zureden, nach Anwendung starker Mittel, als da sind, gebrannte Federposen und dergleichen, schien der König etwas zu sich selbst zu kommen[8], er stammelte(stammeln 结巴) kaum hörbar die Worte: ›Zu wenig Speck.‹ Da warf sich die Königin trostlos ihm zu Füßen[9] und schluchzte: ›O mein armer unglücklicher königlicher Gemahl! — O welchen Schmerz mussten Sie dulden! — Aber sehen Sie hier die Schuldige zu Ihren Füßen — strafen, strafen Sie sie hart — ach — Frau Mauserinks mit ihren sieben Söhnen, Gevattern und Muhmen hat den Speck

6　双手掩面
7　悲叹着, 呻吟着

8　国王看似有点醒转过来。

9　王后绝望地跪倒在他脚边。sich(A.) jm. zu Füßen werfen 扑倒在某人脚边

aufgefressen (auf/fressen 吃光) und —‹ damit fiel die Königin rücklings über in Ohnmacht. Aber der König sprang voller Zorn auf und rief laut: ›Oberhofmeisterin, wie ging das zu?‹ Die Oberhofmeisterin erzählte, soviel sie wusste, und der König beschloss Rache zu nehmen an der Frau Mauserinks und ihrer Familie[10], die ihm den Speck aus der Wurst weggefressen hatten. Der Geheime Staatsrat wurde berufen (召集), man beschloss, der Frau Mauserinks den Prozess zu machen[11], und ihre sämtliche Güter einzuziehen (ein/ziehen 把……充公, 没收); da aber der König meinte, dass sie unterdessen ihm doch noch immer den Speck wegfressen könnte, so wurde die ganze Sache dem Hofuhrmacher und Arkanisten (Arkanist m. 神秘学家) übertragen. Dieser Mann, der ebenso hieß, als ich, nämlich Christian Elias Droßelmeier, versprach durch eine ganz besonders staatskluge Operation die Frau Mauserinks mit ihrer Familie auf ewige Zeiten aus dem Palast zu vertreiben (驱逐). Er erfand (erfinden 发明) auch wirklich kleine, sehr künstliche Maschinen, in die an einem Fädchen gebratener Speck getan wurde, und die Droßelmeier rings um die Wohnung der Frau

10 国王决定向鼠婆子毛瑟吝克及其家人报复。an jm. (für etw.) Rache nehmen (为某事) 对某人进行报复

11 jm. den Prozess machen 对某人起诉, 控告某人

Speckfresserin aufstellte.

Frau Mauserinks war viel zu weise, um nicht Droßelmeiers List(f. 诡计) einzusehen, aber alle ihre Warnungen, alle ihre Vorstellungen halfen nichts, von dem süßen Geruch des gebratenen Specks verlockt, gingen alle sieben Söhne und viele, viele Gevattern und Muhmen der Frau Mauserinks in Droßelmeiers Maschinen hinein, und wurden, als sie eben den Speck wegnaschen wollten, durch ein plötzlich vorfallendes Gitter gefangen[12], dann aber in der Küche selbst schmachvoll (〈雅〉耻辱地) hingerichtet (hin/richten 处决). Frau Mauserinks verließ mit ihrem kleinen Häufchen den Ort des Schreckens. Gram, Verzweiflung, Rache erfüllte ihre Brust[13].

Der Hof jubelte sehr, aber die Königin war besorgt, weil sie die Gemütsart(f. 性情,气质) der Frau Mauserinks kannte, und wohl wusste, dass sie den Tod ihrer Söhne und Verwandten nicht ungerächt hingehen lassen würde[14]. In der Tat erschien auch Frau Mauserinks, als die Königin eben für den königlichen Gemahl einen Lungenmus bereitete, den er sehr gern aß, und sprach:› Meine Söhne — meine Gevattern und Muhmen sind erschlagen, gib wohl Acht[15],

12 被突然落下来的栅栏捕获

13 她胸中充满悲痛、绝望和复仇欲望。

14 她的几个儿子和亲属们丢掉了性命,她绝不会就此善罢甘休。

15 Acht geben 留心,注意

Frau Königin, dass Mausekönigin dir nicht dein Prinzesschen entzwei beißt (entzwei/beißen 将……咬成两半) — gib wohl Acht.‹ Darauf verschwand sie wieder, und ließ sich nicht mehr sehen, aber die Königin war so erschrocken, dass sie den Lungenmus ins Feuer fallen ließ, und zum zweitenmal verdarb Frau Mauserinks dem Könige eine Lieblingsspeise, worüber er sehr zornig war. — Nun ist's aber genug für heute Abend, künftig das übrige[16].«

Sosehr(不管, 无论) auch Marie, die bei der Geschichte ihre ganz eignen Gedanken hatte, den Pate Droßelmeier bat, doch nur ja weiterzuerzählen, so ließ er sich doch nicht erbitten[17], sondern sprang auf, sprechend:»Zu viel auf einmal ist ungesund, morgen das übrige.« Eben als der Obergerichtsrat im Begriff stand, zur Tür hinauszuschreiten[18], fragte Fritz:»Aber sag mal, Pate Droßelmeier, ist's denn wirklich wahr, dass du die Mausefallen erfunden hast?«»Wie kann man nur so albern fragen«, rief die Mutter, aber der Obergerichtsrat lächelte sehr seltsam, und sprach leise:»Bin ich denn nicht ein künstlicher Uhrmacher, und sollt nicht einmal Mausefallen erfinden können.[19]«

16 今晚就讲这些,其余的以后讲。

17 他不被(玛丽的请求)所打动。

18 im Begriff sein/stehen, etw. zu tun 刚要、正想做某事

19 我这个手艺精湛的制表师,难道连捕鼠笼都发明不出来。

Tag 13

罗色美耶教父接着讲故事：王后受到威胁后，命人怀抱公猫严密守卫小公主。可一天半夜，鼠婆子还是溜到了摇篮旁，把她丑陋的脑袋凑到公主脸上。可怕的事随即发生：原本俊俏的公主变得奇丑无比，身体畸形，长着金鱼眼和豁嘴巴。国王夫妇悲痛欲绝，责令这位也叫罗色美耶的宫廷制表师兼神秘学家尽快让公主恢复原状，否则就将其处死。制表师拆开公主身体，查看其内部装置结构后发现，随着公主长大，她会变得越发畸形和丑陋。他无计可施，满腹愁绪，只能把公主重新组装起来。

»Nun wisst ihr wohl, Kinder«, so fuhr der Obergerichtsrat Droßelmeier am nächsten Abende fort, »nun wisst ihr wohl Kinder, warum die Königin das wunderschöne Prinzesschen Pirlipat so sorglich bewachen ließ. Musste sie nicht fürchten, dass Frau Mauserinks ihre Drohung erfüllen[1], wiederkommen, und das Prinzesschen totbeißen würde? Droßelmeiers Maschinen halfen gegen die kluge und gewitzigte Frau Mauserinks ganz und gar nichts, und nur der Astronom(m. 天文学家) des Hofes, der zugleich Geheimer Oberzeichen- und Sterndeuter(m. 占星师) war, wollte wissen, dass die Familie des Katers Schnurr imstande sein[2] werde, die Frau Mauserinks von der Wiege abzuhalten(ab/halten 阻挡); demnach geschah es also, dass jede der Wärterinnen einen der Söhne jener Familie, die übrigens bei Hofe als Geheime Legationsräte angestellt waren, auf dem Schoße halten, und durch schickliches Krauen ihm den beschwerlichen Staatsdienst zu versüßen suchen musste[3].

Es war einmal schon Mitternacht, als die eine der beiden Geheimen Oberwärterinnen, die dicht an der Wiege saßen, wie aus tiefem Schlafe auffuhr[4]. — Alles rundumher lag vom

1 前文说过鼠婆子威胁王后要报复小公主芘尔丽帕,王后害怕她说到做到,真的会来伤害小公主,所以派人带着公猫日夜守护在摇篮旁边。

2 im Stande sein, etw. zu tun 有能力做某事

3 （每位女看护）必须灵巧地给他(指抱在怀里的公猫)挠挠毛,好让猫咪舒舒服服地干好这份辛苦的公职。versüßen 使轻松,使舒适

4 突然从沉睡中惊起, auf/fahren 惊起,惊跳起来

Schlafe befangen[5] — kein Schnurren — tiefe Totenstille, in der man das Picken des Holzwurms vernahm! — doch wie ward der Geheimen Oberwärterin, als sie dicht vor sich eine große, sehr hässliche Maus erblickte, die auf den Hinterfüßen aufgerichtet stand[6], und den fatalen（fatal 令人讨厌的）Kopf auf das Gesicht der Prinzessin gelegt hatte. Mit einem Schrei des Entsetzens sprang sie auf, alles erwachte, aber in dem Augenblick rannte Frau Mauserinks (niemand anders war die große Maus an Pirlipats Wiege) schnell nach der Ecke des Zimmers. Die Legationsräte stürzten ihr nach[7], aber zu spät — durch eine Ritze（f. 缝隙）in dem Fußboden des Zimmers war sie verschwunden （verschwinden 消失）. Pirlipatchen erwachte von dem Rumor（m.〈旧〉喧闹，嘈杂声）, und weinte sehr kläglich. ›Dank dem Himmel‹, riefen die Wärterinnen, ›sie lebt!‹ Doch wie groß war ihr Schrecken, als sie hinblickten nach Pirlipatchen, und wahrnahmen, was aus dem schönen zarten Kinde geworden. Statt des weiß und roten goldgelockten Engelsköpfchens saß ein unförmlicher（unförmlich 畸形的）dicker Kopf auf einem winzig kleinen zusammengekrümmten

5 陷入梦乡

6 （大老鼠）用两条后腿直立

7 jm. nach/stürzen 匆忙追赶某人

(zusammengekrümmt 佝偻、蜷缩的) Leibe, die azurblauen Äugelein hatten sich verwandelt in grüne hervorstehende starrblickende Augen, und das Mündchen hatte sich verzogen von einem Ohr zum andern[8]. Die Königin wollte vergehen in Wehklagen und Jammer[9], und des Königs Studierzimmer musste mit wattierten Tapeten ausgeschlagen[10] werden, weil er ein Mal über das andere mit dem Kopf gegen die Wand rannte[11], und dabei mit sehr jämmerlicher Stimme rief: ›O ich unglückseliger Monarch (m. 君主)!‹ — Er konnte zwar nun einsehen, dass es besser gewesen wäre, die Würste ohne Speck zu essen, und die Frau Mauserinks mit ihrer Sippschaft(f. 〈贬〉亲属,家族) unter dem Herde in Ruhe zu lassen, daran dachte aber Pirlipats königlicher Vater nicht, sondern er schob einmal alle Schuld auf den Hofuhrmacher[12] und Arkanisten Christian Elias Droßelmeier aus Nürnberg. Deshalb erließ(erlassen 颁布) er den weisen Befehl(m. 命令): Droßelmeier habe binnen vier Wochen die Prinzessin Pirlipat in den vorigen Zustand herzustellen[13], oder wenigstens ein bestimmtes untrügliches(untrüglich 确实可靠的) Mittel anzugeben(an/geben 告知), wie

8 小嘴走了样,从左耳朵咧到了右耳朵。sich (A.) verziehen 变形,走样

9 恸哭哀叹

10 用棉垫铺衬

11 (伤心的国王一次次)以头撞墙

12 他把所有过错责任一股脑儿全推给罗色美耶。Schuld auf jn. schieben 把过失推给某人

13 罗色美耶必须在四周内让芘尔丽帕公主恢复以前的状态。haben+ zu +Infinitiv 必须,应当(做某事)

dies zu bewerkstelligen(〈牍〉设法做到,实现) sei, widrigenfalls er dem schmachvollen Tode unter dem Beil des Henkers verfallen sein solle[14]. Droßelmeier erschrak nicht wenig, indessen vertraute er bald seiner Kunst und seinem Glück und schritt sogleich zu der ersten Operation, die ihm nützlich schien. Er nahm Prinzesschen Pirlipat sehr geschickt auseinander[15], schrob ihr Händchen und Füßchen ab[16], und besah(besehen 检视) sogleich die innere Struktur, aber da fand er leider, dass die Prinzessin, je größer, desto unförmlicher werden würde, und wusste sich nicht zu raten nicht zu helfen[17]. Er setzte die Prinzessin behutsam wieder zusammen, und versank (versinken 陷入) an ihrer Wiege, die er nie verlassen durfte, in Schwermut[18].«

[14] 否则他会死得很丢脸,丧命于刽子手的斧头下。

[15] etw. auseinander/nehmen 把某物拆卸开来

[16] ab/schrauben 旋下,拧开

[17] 无计可施,无以自救

[18] in Schwermut versinken 陷入忧伤之中

14 Tag

　　教父继续讲故事:到第四周的时候,制表师罗色美耶观察到小公主虽是婴儿,却长着坚硬的牙齿,并且把偶然落到她嘴里的一颗核桃给咬开,开心地吃到了果仁。制表师受到启发,与宫廷天文学家一起查阅关于各种神秘现象的书籍,观星卜卦,终于弄明白破解魔法之道:必须让公主吃到异常坚硬的铁核桃的果仁。而且果壳还必须由一位不刮胡子、不穿靴子的年轻男子当面咬开,然后再让他闭着眼睛把果仁递给公主。之后,此人要稳稳当当后退七步,才能把眼睛睁开。制表师把这个好消息告诉国王,国王命令制表师和天文学家立即动身去寻找铁核桃。同时国王将在国内外的报纸上刊登启事,征召那位能咬开铁核桃的年轻人。

»Schon war die vierte Woche angegangen — ja bereits Mittwoch, als der König mit zornfunkelnden Augen[1] hineinblickte, und mit dem Szepter drohend rief: ›Christian Elias Droßelmeier, kuriere die Prinzessin, oder du musst sterben!‹ Droßelmeier fing an bitterlich zu weinen, aber Prinzesschen Pirlipat knackte vergnügt(快活地) Nüsse. Zum erstenmal fiel dem Arkanisten Pirlipats ungewöhnlicher (ungewöhnlich 非同寻常的) Appetit nach Nüssen, und der Umstand auf, dass sie mit Zähnchen zur Welt gekommen. In der Tat hatte sie gleich nach der Verwandlung(f. 变形) so lange geschrieen, bis ihr zufällig(偶然地) eine Nuss vorkam, die sie sogleich aufknackte, den Kern aß, und dann ruhig wurde. Seit der Zeit fanden die Wärterinnen nichts geraten, als ihr Nüsse zu bringen[2].

›O heiliger Instinkt(m. 本能) der Natur, ewig unerforschliche(unerforschlich 玄妙莫测的) Sympathie(f. 同情) aller Wesen‹, rief Johann Elias Droßelmeier aus: ›du zeigst mir die Pforte(f. 小门, 入口) zum Geheimnis, ich will anklopfen, und sie wird sich öffnen!‹ Er bat sogleich um die Erlaubnis, mit dem Hofastronom sprechen zu können, und wurde

1　眼睛闪着凶光

2　自那以后, 女看护们发现除了把胡桃给她(指小公主)之外, 别无可取之法。

mit starker Wache hingeführt. Beide Herren umarmten sich unter vielen Tränen[3], da sie zärtliche Freunde waren, zogen sich dann in ein geheimes Kabinett zurück[4], und schlugen viele Bücher nach, die von dem Instinkt, von den Sympathien und Antipathien (Antipathie f. 反感) und andern geheimnisvollen Dingen handelten.

Die Nacht brach herein, der Hofastronom sah nach den Sternen, und stellte mit Hülfe des auch hierin sehr geschickten Droßelmeiers das Horoskop der Prinzessin Pirlipat[5]. Das war eine große Mühe, denn die Linien verwirrten (sich 〈A.〉 verwirren 混乱) sich immer mehr und mehr, endlich aber — welche Freude, endlich lag es klar vor ihnen, dass die Prinzessin Pirlipat, um den Zauber (m. 魔法), der sie verhässlicht, zu lösen (解除), und um wieder so schön zu werden, als vorher, nichts zu tun hätte, als den süßen Kern der Nuss Krakatuk zu genießen.

Die Nuss Krakatuk hatte eine solche harte Schale (f. 壳), dass eine achtundvierzigpfündige Kanone darüber wegfahren konnte, ohne sie zu zerbrechen (打碎). Diese harte Nuss musste aber von einem Manne, der noch nie rasiert

3　两位先生边拥抱,边淌下大把眼泪。unter 表示某事发生在某种状态下, unter Tränen 流着眼泪

4　sich (A.) zurück/ziehen 退回

5　为芘尔丽帕公主占卜, das Horoskop stellen 进行占星预言

(rasieren 刮胡子) worden und der niemals Stiefeln getragen, vor der Prinzessin aufgebissen und ihr von ihm mit geschlossenen Augen der Kern dargereicht werden. Erst nachdem er sieben Schritte rückwärts gegangen[6], ohne zu stolpern (跌跌撞撞), durfte der junge Mann wieder die Augen erschließen. Drei Tage und drei Nächte hatte Droßelmeier mit dem Astronomen ununterbrochen gearbeitet und es saß gerade des Sonnabends der König bei dem Mittagstisch, als Droßelmeier, der Sonntag in aller Frühe geköpft werden sollte[7], voller Freude und Jubel hineinstürzte (hinein/stürzen 闯进屋去), und das gefundene Mittel, der Prinzessin Pirlipat die verlorene Schönheit wieder zu geben, verkündete[8]. Der König umarmte ihn mit heftigem Wohlwollen, versprach ihm einen diamantenen (diamanten 带钻石的) Degen, vier Orden und zwei neue Sonntagsröcke. ›Gleich nach Tische (饭后)‹, setzte er freundlich hinzu, ›soll es ans Werk gehen[9], sorgen Sie, teurer Arkanist, dass der junge unrasierte Mann in Schuhen mit der Nuss Krakatuk gehörig bei der Hand sei, und lassen Sie ihn vorher keinen Wein trinken, damit er nicht stolpert, wenn er sieben Schritte rückwärts

6 闭着眼睛后退七步

7 他(指制表师罗色美耶)本该在星期天一大早被砍头。

8 向国王宣告他找到了恢复芘尔丽帕公主美貌的法子, die verlorene Schönheit 失去的美貌, verkünden 宣告

9 就着手进行

geht wie ein Krebs, nachher kann er erklecklich saufen(痛饮)!‹ Droßelmeier wurde über diese Rede des Königs sehr bestürzt, und nicht ohne Zittern und Zagen(哆嗦畏缩) brachte er es stammelnd heraus[10], dass das Mittel zwar gefunden wäre, beides, die Nuss Krakatuk und der junge Mann zum Aufbeißen derselben aber erst gesucht werden müssten, wobei es noch obenein zweifelhaft bliebe, ob Nuss und Nussknacker jemals gefunden werden dürften. Hocherzürnt (勃然大怒地) schwang der König den Szepter über das gekrönte Haupt, und schrie mit einer Löwenstimme: ›So bleibt es bei dem Köpfen[11].‹ Ein Glück war es für den in Angst und Not versetzten Droßelmeier, dass dem Könige das Essen gerade den Tag sehr wohl geschmeckt hatte, er mithin in der guten Laune war(情绪好), vernünftigen Vorstellungen Gehör zu geben[12], an denen es die großmütige und von Droßelmeiers Schicksal gerührte Königin[13] nicht mangeln ließ. Droßelmeier fasste Mut[14] und stellte zuletzt vor, dass er doch eigentlich die Aufgabe, das Mittel, wodurch die Prinzessin geheilt werden könne, zu nennen, gelöst, und sein Leben gewonnen habe. Der König nannte

10 结结巴巴说出(实情), heraus/bringen 说出

11 那还是砍掉你的脑袋吧。

12 听取合情合理的申诉

13 被罗色美耶的命运打动的王后, rühren 感动

14 Mut fassen 鼓起勇气

das dumme Ausreden (Ausrede f. 借口) und einfältigen Schnickschnack, beschloss aber endlich, nachdem er ein Gläschen Magenwasser zu sich genommen[15], dass beide, der Uhrmacher und der Astronom, sich auf die Beine machen[16] und nicht anders als mit der Nuss Krakatuk in der Tasche wiederkehren sollten. Der Mann zum Aufbeißen derselben sollte, wie es die Königin vermittelte (vermitteln 促成), durch mehrmaliges Einrücken einer Aufforderung[17] in einheimische und auswärtige Zeitungen und lntelligenz-Blätter herbeigeschafft (herbei/schaffen 搞来) werden.« — Der Obergerichtsrat brach hier wieder ab (ab/brechen 中断), und versprach den andern Abend das übrige zu erzählen.

15　etw. zu sich nehmen 吃或喝东西

16　赶快走,赶快动身

17　刊登征召启事

15 Tag

教父继续讲述铁核桃童话:制表师罗色美耶和宫廷天文学家在外寻找了十五年,依然不见铁核桃踪影。他们回到制表师的家乡纽伦堡,制表师立即去找了自己的堂兄。这位堂兄也叫罗色美耶,他会车制木偶,还是位漆匠和金匠。堂兄听说了芘尔丽帕公主的遭遇后,认为这颗可以破除魔法的铁核桃就在自己手中。他讲了偶然购得这颗核桃的经过,并把它交给了制表师。很快,宫廷天文学家发现,那个能为公主咬开铁核桃的小伙子正是这位堂兄的儿子——一个温和雅致的胡桃夹子小人。两样东西都到手了!制表师和天文学家终于完成了国王的使命。

Am andern Abende, sowie kaum die Lichter angesteckt (an/stecken 点燃) worden, fand sich Pate Droßelmeier wirklich wieder ein (sich ⟨A.⟩ ein/finden 到场), und erzählte also weiter. » Droßelmeier und der Hofastronom waren schon fünfzehn Jahre unterwegs, ohne der Nuss Krakatuk auf die Spur gekommen zu sein[1]. Wo sie überall waren, welche sonderbare seltsame Dinge ihnen widerfuhren (widerfahren ⟨雅⟩发生,遭遇), davon könnt ich euch, ihr Kinder, vier Wochen lang erzählen, ich will es aber nicht tun, sondern nur gleich sagen, dass Droßelmeier in seiner tiefen Betrübnis (f. 悲伤) zuletzt eine sehr große Sehnsucht nach seiner lieben Vaterstadt Nürnberg[2] empfand. Ganz besonders überfiel ihn diese Sehnsucht, als er gerade einmal mit seinem Freunde mitten in einem großen Walde in Asien ein Pfeifchen Knaster (m. 劣质烟草) rauchte. ›O schöne — schöne Vaterstadt Nürnberg — schöne Stadt, wer dich nicht gesehen hat, mag er auch viel gereist sein nach London, Paris und Peterwardein, ist ihm das Herz doch nicht aufgegangen[3], muss er doch stets nach dir verlangen[4]— nach dir, o Nürnberg, schöne Stadt, die schöne Häuser mit Fenstern hat.‹ — Als Droßelmeier so sehr

1 丝毫没有找到铁核桃的踪迹。jm./etw. (D.) auf die Spur kommen 得到某人/某事的线索或痕迹

2 对他亲爱的故乡纽伦堡的思念，Sehnsucht nach 对……的渴望

3 他的心就没有被打动。jm. geht das Herz auf 某人内心被感动

4 verlangen nach 对……渴盼

wehmütig klagte (klagen 诉苦), wurde der Astronom von tiefem Mitleiden ergriffen und fing so jämmerlich zu heulen an, dass man es weit und breit (四处,远远近近) in Asien hören konnte. Doch fasste er sich wieder⁵, wischte sich die Tränen aus den Augen⁶ und fragte: ›Aber wertgeschätzter Kollege, warum sitzen wir hier und heulen? warum gehen wir nicht nach Nürnberg, ist's denn nicht gänzlich egal, wo und wie wir die fatale Nuss Krakatuk suchen?‹ ›Das ist auch wahr‹, erwiderte Droßelmeier getröstet. Beide standen alsbald auf, klopften die Pfeifen aus, und gingen schnurgerade (毫不迟疑地) in einem Strich fort, aus dem Walde mitten in Asien, nach Nürnberg. Kaum waren sie dort angekommen, so lief Droßelmeier schnell zu seinem Vetter⁷, dem Puppendrechsler (m. 车制木偶的师傅), Lackierer und Vergolder Christoph Zacharias Droßelmeier, den er in vielen vielen Jahren nicht mehr gesehen. Dem erzählte nun der Uhrmacher die ganze Geschichte von der Prinzessin Pirlipat, der Frau Mauserinks, und der Nuss Krakatuk, so dass der ein Mal über das andere die Hände zusammenschlug⁸ und voll Erstaunen ausrief:

5 不过他重新镇定下来。sich (A.) fassen 镇定,克制自己

6 sich (D.) die Tränen aus den Augen wischen 擦去眼中的泪水

7 几乎刚抵达那儿(指纽伦堡),罗色美耶就迅即跑去找他堂兄。

8 die Hände zusammen/schlagen 拍手

›Ei Vetter, Vetter, was sind das für wunderbare Dinge!‹ Droßelmeier erzählte weiter von den Abenteuern seiner weiten Reise, wie er zwei Jahre bei dem Dattelkönig zugebracht[9], wie er vom Mandelfürsten schnöde abgewiesen[10], wie er bei der naturforschenden Gesellschaft(自然研究会) in Eichhornshausen vergebens angefragt(an/fragen 打听), kurz wie es ihm überall misslungen sei[11], auch nur eine Spur von der Nuss Krakatuk zu erhalten.

Während dieser Erzählung hatte Christoph Zacharias oftmals mit den Fingern geschnippt[12]— sich auf einem Fuße herumgedreht[13]— mit der Zunge geschnalzt — dann gerufen — ›Hm hm — I — Ei — O — das wäre der Teufel!‹ — Endlich warf er Mütze und Perücke in die Höhe[14], umhalste(umhalsen 搂住……的脖子) den Vetter mit Heftigkeit und rief:›Vetter — Vetter! Ihr seid geborgen, geborgen seid Ihr, sag ich, denn alles müsste mich trügen, oder ich besitze selbst die Nuss Krakatuk.‹

Er holte alsbald eine Schachtel(f. 匣子) hervor, aus der er eine vergoldete Nuss von mittelmäßiger Größe hervorzog. ›Seht‹, sprach er, indem er die Nuss dem Vetter zeigte, ›seht, mit dieser Nuss hat es folgende Bewandtnis[15]:

9 （讲述）他怎样在枣子国王那里度过了两年。zu/bringen 度过

10 怎样被杏仁侯爵轻蔑地拒之门外。ab/weisen 坚决拒绝,支走

11 简单说来,他如何处处失败。misslingen 不成功,失败

12 mit den Fingern schnippen 打响指

13 金鸡独立转动身体

14 etw. in die Höhe werfen 把某物扔到空中

15 mit jm./etw. hat es folgende Bewandtnis 某人或某事有以下情况

Vor vielen Jahren kam einst zur Weihnachtszeit ein fremder Mann mit einem Sack voll Nüssen hieher, die er feilbot(feil/bieten 兜售). Gerade vor meiner Puppenbude geriet er in Streit[16], und setzte den Sack ab, um sich besser gegen den hiesigen(hiesig 本地的) Nussverkäufer, der nicht leiden(容忍) wollte, dass der Fremde Nüsse verkaufe, und ihn deshalb angriff(an/greifen 攻击), zu wehren. In dem Augenblick fuhr ein schwer beladener Lastwagen über den Sack, alle Nüsse wurden zerbrochen bis auf eine[17], die mir der fremde Mann, seltsam lächelnd, für einen blanken Zwanziger vom Jahre 1720 feilbot. Mir schien das wunderbar, ich fand gerade einen solchen Zwanziger in meiner Tasche, wie ihn der Mann haben wollte, kaufte die Nuss und vergoldete sie, selbst nicht recht wissend, warum ich die Nuss so teuer bezahlte und dann so werthielt.‹

Jeder Zweifel, dass des Vetters Nuss wirklich die gesuchte Nuss Krakatuk war, wurde augenblicklich gehoben, als der herbeigerufene Hofastronom das Gold sauber abschabte(ab/schaben 刮掉), und in der Rinde der Nuss das Wort Krakatuk mit chinesischen Charakteren eingegraben(ein/graben 雕刻)

16　in Streit geraten 起争执

17　所有胡桃都被压碎了,只剩一颗完好。

fand. Die Freude der Reisenden war groß, und der Vetter der glücklichste Mensch unter der Sonne[18], als Droßelmeier ihm versicherte, dass sein Glück gemacht sei, da er außer einer ansehnlichen Pension hinfüro alles Gold zum Vergolden umsonst erhalten werde[19].

Beide, der Arkanist und der Astronom, hatten schon die Schlafmützen aufgesetzt[20] und wollten zu Bette gehen, als letzterer, nämlich der Astronom, also anhob: › Bester Herr Kollege, ein Glück kommt nie allein[21] — Glauben Sie, nicht nur die Nuss Krakatuk, sondern auch den jungen Mann, der sie aufbeißt und den Schönheitskern der Prinzessin darreicht, haben wir gefunden! Ich meine niemanden anders, als den Sohn Ihres Herrn Vetters[22]! — Nein, nicht schlafen will ich ‹, fuhr er begeistert fort, › sondern noch in dieser Nacht des Jünglings Horoskop stellen!‹ — Damit riss er die Nachtmütze vom Kopf und fing gleich an zu observieren (观察). — Des Vetters Sohn war in der Tat ein netter wohlgewachsener Junge, der noch nie rasiert worden und niemals Stiefel getragen. In früher Jugend war er zwar ein paar Weihnachten hindurch ein Hampelmann gewesen, das merkte

18 天底下最幸福的人

19 他交上好运了，因为除了一笔可观的退休金外，他还会免费得到所有用来干镀金活的金子。ansehnlich 可观的; die Pension 退休金; hinfüro ≈ fernerhin, weiterhin 今后, 将来

20 戴上睡帽

21 好运从不单行。

22 我指的不是别人，正是您堂兄的儿子。meinen 指的是

man ihm aber nicht im mindesten an, so war er durch des Vaters Bemühungen ausgebildet worden. An den Weihnachtstagen trug er einen schönen roten Rock mit Gold, einen Degen, den Hut unter dem Arm und eine vorzügliche Frisur mit einem Haarbeutel. So stand er sehr glänzend in seines Vaters Bude und knackte aus angeborner (angeboren 与生俱来的) Galanterie (f. 〈雅,渐旧〉〈对妇女的〉礼貌,殷勤) den jungen Mädchen die Nüsse auf, weshalb sie ihn auch schön Nussknackerchen nannten.

Den andern Morgen fiel der Astronom dem Arkanisten entzückt um den Hals[23] und rief: ›Er ist es, wir haben ihn, er ist gefunden; nur zwei Dinge, liebster Kollege, dürfen wir nicht außer acht lassen (忽略). Fürs erste müssen Sie Ihrem vortrefflichen Neffen einen robusten hölzernen Zopf flechten[24], der mit dem untern Kinnbacken so in Verbindung steht, dass dieser dadurch stark angezogen (an/ziehen 牵引) werden kann; dann müssen wir aber, kommen wir nach der Residenz (f. 京城), auch sorgfältig verschweigen, dass wir den jungen Mann, der die Nuss Krakatuk aufbeißt, gleich mitgebracht haben; er muss sich vielmehr lange nach uns einfinden. Ich lese in dem Horoskop, dass der

[23] jm. um den Hals fallen 搂着某人的脖子

[24] 编一个结实的木辫子

König, zerbeißen sich erst einige die Zähne ohne weitern Erfolg[25], dem, der die Nuss aufbeißt und der Prinzessin die verlorene Schönheit wiedergibt, Prinzessin und Nachfolge im Reich zum Lohn versprechen wird[26]. ‹ Der Vetter Puppendrechsler war gar höchlich damit zufrieden, dass sein Söhnchen die Prinzessin Pirlipat heiraten und Prinz und König werden sollte, und überließ (überlassen 托付) ihn daher den Gesandten gänzlich. Der Zopf, den Droßelmeier dem jungen hoffnungsvollen Neffen ansetzte, geriet überaus wohl (wohl/geraten〈雅, 渐旧〉做得好的), so dass er mit dem Aufbeißen der härtesten Pfirsichkerne die glänzendsten Versuche anstellte.«

[25] 一些人磕碎了牙齿,毫无所获

[26] 作为报答会许诺把公主嫁给他,让他继承王位

16 Tag

　　教父讲述了铁核桃童话的结局：两位远行者把核桃交给国王，众多青年才俊前来咬铁核桃，却都无功而返。国王只能许诺将把公主和王国托付给能解除公主魔法的能人。这时胡桃夹子小人上前咬开了核桃，把果仁递给公主服用，公主立即变得美若天仙。当胡桃夹子后退到第七步时，孰料踩到了突然从地下冒出来的鼠婆子身上。英俊少年瞬间变成了体态佝偻、长着鱼眼蛙嘴的丑八怪，遭到国王和公主嫌弃，被逐出宫外。鼠婆子临死前预言，自己的儿子七头鼠王会找胡桃夹子复仇。制表师和天文学家从星座图得知，胡桃夹子得先打败七头鼠王，还必须有一位女子不计较他的外貌爱上他，那时他身体的畸形才会消失。

»Da Droßelmeier und der Astronom das Auffinden der Nuss Krakatuk sogleich nach der Residenz berichtet, so waren dort auch auf der Stelle（立即）die nötigen Aufforderungen erlassen[1] worden, und als die Reisenden mit dem Schönheitsmittel ankamen, hatten sich schon viele hübsche Leute, unter denen es sogar Prinzen gab, eingefunden, die ihrem gesunden Gebiss vertrauend[2], die Entzauberung（f. 解除魔法）der Prinzessin versuchen wollten. Die Gesandten erschraken nicht wenig, als sie die Prinzessin wiedersahen. Der kleine Körper mit den winzigen Händchen und Füßchen konnte kaum den unförmlichen Kopf tragen. Die Hässlichkeit des Gesichts wurde noch durch einen weißen baumwollenen Bart vermehrt（vermehren 增加）, der sich um Mund und Kinn gelegt hatte[3]. Es kam alles so, wie es der Hofastronom im Horoskop gelesen. Ein Milchbart（m.〈谑〉小青年）in Schuhen nach dem andern biss sich an der Nuss Krakatuk Zähne und Kinnbacken wund, ohne der Prinzessin im mindesten zu helfen, und wenn er dann von den dazu bestellten Zahnärzten halb ohnmächtig weggetragen wurde[4], seufzte er: ›Das war eine harte Nuss!‹ — Als nun der

1 发布公告

2 （他们）相信自己的一副好牙。vertrauen 信任，相信，vertrauend 是第一分词作状语

3 （白胡子）分布在嘴和下巴的周围。

4 在近乎晕厥无力中他们被专门约请到场的牙医抬走。bestellen 预约，指派，bestellt 是第二分词作定语

König in der Angst seines Herzens dem, der die Entzauberung vollenden werde, Tochter und Reich versprochen, meldete sich der artige sanfte Jüngling Droßelmeier und bat auch den Versuch beginnen zu dürfen. Keiner als der junge Droßelmeier hatte so sehr der Prinzessin Pirlipat gefallen[5]; sie legte die kleinen Händchen auf das Herz, und seufzte recht innig: ›Ach wenn es doch der wäre, der die Nuss Krakatuk wirklich aufbeißt und mein Mann wird.‹

5 合芘尔丽帕心意的不是别人,正是这位年轻的罗色美耶。

Nachdem der junge Droßelmeier den König und die Königin, dann aber die Prinzessin Pirlipat, sehr höflich gegrüßt, empfing er aus den Händen des Oberzeremonienmeisters die Nuss Krakatuk, nahm Sie ohne weiteres[6] zwischen die Zähne, zog stark den Zopf an, und Krak — Krak zerbröckelte die Schale in viele Stücke. Geschickt reinigte er den Kern von den noch daranhängenden Fasern[7] und überreichte (überreichen 递给) ihn mit einem untertänigen Kratzfuß der Prinzessin, worauf er die Augen verschloss und rückwärts zu schreiten begann. Die Prinzessin verschluckte (verschlucken 吞下) alsbald den Kern und o Wunder! — verschwunden war die Missgestalt (f. 畸形),

6 二话不说;立即,没有困难地

7 他熟练地把果仁清理干净,去除还附着其上的纤维。

und statt ihrer stand ein engelschönes Frauenbild da, das Gesicht wie von lilienweißen und rosaroten Seidenflocken geweht, die Augen wie glänzende Azure, die vollen Locken wie von Goldfäden gekräuselt. Trompeten und Pauken mischten sich in den lauten Jubel des Volks[8]. Der König, sein ganzer Hof, tanzte wie bei Pirlipats Geburt auf einem Beine, und die Königin musste mit Eau de Cologne bedient werden, weil sie in Ohnmacht gefallen vor Freude und Entzücken[9]. Der große Tumult(m. 嘈杂,喧哗) brachte den jungen Droßelmeier, der noch seine sieben Schritte zu vollenden hatte, nicht wenig aus der Fassung, doch hielt er sich[10] und streckte eben den rechten Fuß aus zum siebenten Schritt, da erhob sich, hässlich piepend und quiekend, Frau Mauserinks aus dem Fußboden[11], so dass Droßelmeier, als er den Fuß niedersetzen wollte, auf sie trat[12] und dermaßen stolperte, dass er beinahe gefallen wäre. — O Missgeschick(n. 倒霉)! — urplötzlich war der Jüngling ebenso missgestaltet, als es vorher Prinzessin Pirlipat gewesen. Der Körper war zusammengeschrumpft (萎缩的) und konnte kaum den dicken ungestalteten Kopf mit großen hervorstechenden

[8] 鼓号齐鸣,与民众的高声欢呼融合在一起。

[9] 因为王后高兴得晕厥了过去,人们不得不给她用上科隆香水。

[10] 他控制住自己,sich(A.) halten 保持不变

[11] 这时鼠婆子毛瑟肯克钻出地面,还吱吱尖叫着,非常难听。sich(A.) erheben 站起来,起立

[12] 脚踩在她身上

(hervorstechend 凸起的) Augen und dem breiten entsetzlich aufgähnenden Maule tragen. Statt des Zopfes hing ihm hinten ein schmaler hölzerner Mantel herab, mit dem er den untern Kinnbacken regierte (regieren 操控). — Uhrmacher und Astronom waren außer sich vor Schreck und Entsetzen[13], sie sahen aber wie Frau Mauserinks sich blutend auf dem Boden wälzte[14]. Ihre Bosheit war nicht ungerächt geblieben, denn der junge Droßelmeier hatte sie mit dem spitzen Absatz (m. 后跟) seines Schuhes so derb in den Hals getroffen, dass sie sterben musste. Aber indem Frau Mauserinks von der Todesnot (f. 临死的痛苦) erfasst wurde, da piepte und quiekte sie ganz erbärmlich: ›O Krakatuk, harte Nuss an der ich nun sterben muss — hi hi — pipi fein Nussknackerlein wirst auch bald des Todes sein — Söhnlein mit den sieben Kronen, wird's dem Nussknacker lohnen, wird die Mutter rächen fein, an dir du klein Nussknackerlein — o Leben so frisch und rot, von dir scheid ich, o Todesnot! — Quiek —‹ Mit diesem Schrei starb Frau Mauserinks und wurde von dem königlichen Ofenheizer fortgebracht. — Um den jungen Droßelmeier hatte sich niemand

13　吓得惊慌失措

14　(鼠婆子)流着血在地上打滚儿。sich (A.) wälzen 翻滚

bekümmert[15], die Prinzessin erinnerte aber den König an sein Versprechen[16], und sogleich befahl er, dass man den jungen Helden herbeischaffe. Als nun aber der Unglückliche in seiner Missgestalt hervortrat (hervor/treten 走出来), da hielt die Prinzessin beide Hände vors Gesicht[17] und schrie: ›Fort, fort mit dem abscheulichen (abscheulich 令人厌恶的) Nussknacker!‹ Alsbald ergriff ihn auch der Hofmarschall bei den kleinen Schultern und warf ihn zur Türe heraus. Der König war voller Wut, dass man ihm habe einen Nussknacker als Eidam (m.〈旧〉女婿) aufdringen wollen, schob alles auf das Ungeschick des Uhrmachers und des Astronomen[18], und verwies (verweisen 逐出) beide auf ewige Zeiten aus der Residenz. Das hatte nun nicht in dem Horoskop gestanden, welches der Astronom in Nürnberg gestellt, er ließ sich aber nicht abhalten, aufs neue (重新) zu observieren und da wollte er in den Sternen lesen, dass der junge Droßelmeier sich in seinem neuen Stande so gut nehmen werde[19], dass er trotz seiner Ungestalt Prinz und König werden würde. Seine Missgestalt könne aber nur dann verschwinden, wenn der Sohn der Frau Mauserinks, den sie nach dem Tode ihrer

15 没人操心年轻的罗色美耶。sich (A.) bekümmern um 关心，照顾

16 jn. an etw. (A.) erinnern 提醒某人某事

17 公主双手掩面。

18 把一切都推诿于制表师和天文学家办事笨拙，das Ungeschick 不机灵，笨拙

19 in seinem neuen Stande 在他的新状态下，sich (A.) gut nehmen〈旧〉好好表现

sieben Söhne, mit sieben Köpfen geboren, und welcher Mausekönig geworden, von seiner Hand gefallen seie, und eine Dame ihn, trotz seiner Missgestalt, liebgewinnen werde[20]. Man soll denn auch wirklich den jungen Droßelmeier in Nürnberg zur Weihnachtszeit in seines Vaters Bude, zwar als Nussknacker, aber doch als Prinzen gesehen haben! — Das ist, ihr Kinder! das Märchen von der harten Nuss, und ihr wisst nun warum die Leute so oft sagen: ›Das war eine harte Nuss!‹ und wie es kommt, dass die Nussknacker so hässlich sind.«

　　So schloss der Obergerichtsrat seine Erzählung. Marie meinte, dass die Prinzessin Pirlipat doch eigentlich ein garstiges undankbares (undankbar 忘恩负义的) Ding sei; Fritz versicherte dagegen, dass, wenn Nussknacker nur sonst ein braver (brav〈渐旧〉勇敢的) Kerl sein wolle, er mit dem Mausekönig nicht viel Federlesens machen[21], und seine vorige hübsche Gestalt bald wiedererlangen werde.

20　一位女子罔顾他的畸形丑貌爱上他。lieb/gewinnen 慢慢地爱上

21　nicht viel Federlesen(s) (mit jm./etw.) machen (对……)直截了当,不搞繁文缛节

Tag 17

　　玛丽在床上躺了一个礼拜，终于痊愈了。焕然一新的玻璃橱里站着玛丽心爱的胡桃夹子。玛丽回顾罗色美耶教父讲的铁核桃童话，她把眼前的胡桃夹子当作那位被鼠婆子施了魔法变丑的小罗色美耶，而教父其实就是芘尔丽帕公主王宫里的制表师，那么教父就是胡桃夹子的叔叔。傍晚时，玛丽把自己的想法告诉家人，并转述了宫廷天文学家的预言：胡桃夹子将战胜七头鼠王，成为玩偶王国的继承人。玛丽请求教父帮助胡桃夹子打败鼠王。但教父告诉她，只有她自己的坚定和忠诚才能拯救胡桃夹子。

Hat jemand von meinen hochverehrtesten Lesern oder Zuhörern jemals den Zufall erlebt, sich mit Glas zu schneiden, so wird er selbst wissen, wie wehe es tut, und welch schlimmes Ding es überhaupt ist, da es so langsam heilt. Hatte doch Marie beinahe eine ganze Woche im Bett zubringen müssen, weil es ihr immer ganz schwindlicht zumute wurde[1], sobald sie aufstand. Endlich aber wurde sie ganz gesund, und konnte lustig, wie sonst, in der Stube umherspringen. Im Glasschrank sah es ganz hübsch aus, denn neu und blank standen da, Bäume und Blumen und Häuser, und schöne glänzende Puppen. Vor allen Dingen fand Marie ihren lieben Nussknacker wieder, der, in dem zweiten Fache stehend, mit ganz gesunden Zähnchen sie anlächelte[2].

Als sie nun den Liebling so recht mit Herzenslust anblickte, da fiel es ihr mit einemmal sehr bänglich aufs Herz[3], dass alles, was Pate Droßelmeier erzählt habe, ja nur die Geschichte des Nussknackers und seines Zwistes (Zwist m.〈雅〉不和;纷争) mit der Frau Mauserinks und ihrem Sohne gewesen. Nun wusste sie, dass ihr Nussknacker kein anderer sein könne, als der junge Droßelmeier aus

1　schwindlicht 的意思等同于 schwindlig（眩晕的）

2　（胡桃夹子）露出健健康康的小牙齿对她微笑。

3　她突然心里害怕起来。

Nürnberg[4], des Pate Droßelmeiers angenehmer, aber leider von der Frau Mauserinks verhexter (verhext 被施咒的) Neffe. Denn dass der künstliche Uhrmacher am Hofe von Pirlipats Vater niemand anders gewesen, als der Obergerichtsrat Droßelmeier selbst[5], daran hatte Marie schon bei der Erzählung nicht einen Augenblick gezweifelt.» Aber warum half dir der Onkel denn nicht, warum half er dir nicht«, so klagte Marie, als sich es immer lebendiger und lebendiger in ihr gestaltete, dass es in jener Schlacht, die sie mit ansah, Nussknackers Reich und Krone galt (gelten 关系到). Waren denn nicht alle übrigen Puppen ihm untertan[6], und war es denn nicht gewiss, dass die Prophezeiung des Hofastronomen eingetroffen (ein/treffen 应验), und der junge Droßelmeier König des Puppenreichs geworden?

Indem die kluge Marie das alles so recht im Sinn erwägte (erwägen 斟酌), glaubte sie auch, dass Nussknacker und seine Vasallen in dem Augenblick, dass sie ihnen Leben und Bewegung zutraute, auch wirklich leben und sich bewegen müssten[7]. Dem war aber nicht so, alles im Schranke blieb vielmehr starr und regungslos, und Marie weit entfernt, ihre innere

4　现在她知道，她的胡桃夹子正是那位来自纽伦堡的年轻人罗色美耶。

5　那个手艺精湛的宫廷制表师不是别人，正是高等法院顾问罗色美耶本人。

6　jm./etw.(D.) untertan sein〈渐旧〉听命于……；臣属于……

7　（玛丽）相信他们有生命、会活动，他们必定就真的有生命，并且会动起来。jm. etw. zu/trauen 相信某人（具有某种能力）

Überzeugung(f. 信念) aufzugeben, schob das nur auf die fortwirkende Verhexung der Frau Mauserinks und ihres siebenköpfigen Sohnes. »Doch«, sprach sie laut zum Nussknacker: »wenn Sie auch nicht imstande sind, sich zu[8] bewegen, oder ein Wörtchen mit mir zu sprechen, lieber Herr Droßelmeier! So weiß ich doch, dass Sie mich verstehen, und es wissen, wie gut ich es mit Ihnen meine[9]; rechnen Sie auf meinen Beistand (m. 援助), wenn Sie dessen bedürfen. — Wenigstens will ich den Onkel bitten, dass er Ihnen mit seiner Geschicklichkeit beispringe (bei/springen 赶来帮忙), wo es nötig ist.«

Nussknacker blieb still und ruhig, aber Marien war es so, als atme ein leiser Seufzer durch den Glasschrank[10], wovon die Glasscheiben kaum hörbar, aber wunderlieblich ertönten, und es war, als sänge ein kleines Glockenstimmchen: »Maria klein — Schutzenglein mein — Dein werd ich sein — Maria mein.« Marie fühlte in den eiskalten Schauern, die sie überliefen[11], doch ein seltsames Wohlbehagen (n. 惬意). Die Dämmerung war eingebrochen, der Medizinalrat trat mit dem Paten Droßelmeier hinein, und nicht lange dauerte es, so hatte Luise den

8 如果您不能, imstande sein, etw. zu tun 有能力做某事

9 我对您一片好意。

10 玛丽感到,透过玻璃橱似乎传来一声轻叹。

11 ein Schauer überläuft jn. 某人打了一个寒战/感到惊恐

Teetisch geordnet (ordnen 布置), und die Familie saß ringsumher, allerlei Lustiges miteinander sprechend. Marie hatte ganz still ihr kleines Lehnstühlchen herbeigeholt, und sich zu den Füßen des Paten Droßelmeier gesetzt.

Als nun gerade einmal alle schwiegen, da sah Marie mit ihren großen blauen Augen dem Obergerichtsrat starr ins Gesicht[12] und sprach: »Ich weiß jetzt, lieber Pate Droßelmeier, dass mein Nussknacker dein Neffe, der junge Droßelmeier aus Nürnberg ist; Prinz, oder vielmehr König ist er geworden, das ist richtig eingetroffen, wie es dein Begleiter, der Astronom, vorausgesagt (voraus/sagen 预言) hat; aber du weißt es ja, dass er mit dem Sohne der Frau Mauserinks, mit dem hässlichen Mausekönig, in offnem Kriege steht. Warum hilfst du ihm nicht?« Marie erzählte nun nochmals den ganzen Verlauf der Schlacht, wie sie es angesehen, und wurde oft durch das laute Gelächter der Mutter und Luisens unterbrochen. Nur Fritz und Droßelmeier blieben ernsthaft. »Aber wo kriegt das Mädchen all das tolle Zeug in den Kopf[13]«, sagte der Medizinalrat. » Ei nun«, erwiderte die Mutter, »hat sie doch eine lebhafte Fantasie — eigentlich sind es nur

12 玛丽大大的蓝眼睛死死盯着高等法院顾问的脸。jm. ins Gesicht sehen 盯着某人的脸看

13 小姑娘哪来满脑子胡言乱语的疯话？toll 疯狂的, das Zeug 胡说八道

Träume, die das heftige Wundfieber erzeugte[14].«

»Es ist alles nicht wahr«, sprach Fritz, »solche Poltrons sind meine roten Husaren nicht, Potz Bassa Manelka, wie würd ich sonst darunterfahren.« Seltsam lächelnd nahm aber Pate Droßelmeier die kleine Marie auf den Schoß[15], und sprach sanfter als je:»Ei, dir liebe Marie ist ja mehr gegeben, als mir und uns allen[16]; du bist, wie Pirlipat, eine geborne Prinzessin, denn du regierst (regieren 统治) in einem schönen blanken Reich. — Aber viel hast du zu leiden (受苦), wenn du dich des armen missgestalteten Nussknackers annehmen willst, da ihn der Mausekönig auf allen Wegen und Stegen[17] verfolgt (verfolgen 迫害). — Doch nicht ich — du — du allein kannst ihn retten, sei standhaft (坚定的) und treu.«

Weder Marie noch irgendjemand wusste, was Droßelmeier mit diesen Worten sagen wollte, vielmehr kam es dem Medizinalrat so sonderbar vor, dass er dem Obergerichtsrat an den Puls fühlte[18] und sagte:» Sie haben, wertester Freund, starke Kongestionen (Kongestion f. 充血;堵塞) nach dem Kopfe, ich will Ihnen etwas aufschreiben[19].« Nur die Medizinalrätin schüttelte (schütteln 摇)

14 其实这些只是受伤发高烧引起的梦境。

15 jn. auf den Schoß nehmen 把某人抱到怀里
16 亲爱的玛丽,你比我和我们所有的人都更有天赋。Es ist jm. gegeben, etw. zu tun. 某人有天赋做某事

17 处处,到处, der Steg〈渐旧〉小路

18 他(指医药顾问)摸摸高等法院顾问的脉搏。jm. den Puls fühlen 给某人号脉
19 jm. etw. auf/schreiben〈口〉给某人开(药方)

bedächtlich[20] den Kopf, und sprach leise: »Ich ahne wohl, was der Obergerichtsrat meint, doch mit deutlichen Worten sagen kann ich's nicht.«

[20] bedächtlich ≈ mit Bedacht ≈ bedächtig 经过考虑地,谨慎地;不慌不忙地

18 Tag

月夜里,玛丽被怪声惊醒,发现房间里七头鼠王正钻出地面。鼠王向玛丽索要杏仁糖、糖人儿和面娃娃,否则就要咬死胡桃夹子。为了胡桃夹子,玛丽任由鼠王啃食自己喜爱的甜食制品。第二天早晨,妈妈看见所有的糖娃娃都被啃烂了,决定根除鼠患。教父让人从自己家里拿来一个捕鼠器,系上一片肥肉,等着老鼠上钩。

Nicht lange dauerte es, als Marie in der mondhellen Nacht durch ein seltsames Poltern (n. 扑腾声, 砰砰声) geweckt wurde, das aus einer Ecke des Zimmers zu kommen schien. Es war, als würden kleine Steine hin und her geworfen und gerollt[1], und recht widrig pfiff und quiekte es dazwischen.» Ach die Mäuse, die Mäuse kommen wieder «, rief Marie erschrocken, und wollte die Mutter wecken, aber jeder Laut stockte, ja sie vermochte kein Glied zu regen[2], als sie sah, wie der Mausekönig sich durch ein Loch der Mauer hervorarbeitete, und endlich mit funkelnden Augen und Kronen im Zimmer herum, dann aber mit einem gewaltigen Satz (m. 跳跃) auf den kleinen Tisch, der dicht neben Mariens Bette stand, heraufsprang.

» Hi — hi — hi — musst mir deine Zuckererbsen — deinen Marzipan gehen, klein Ding — sonst zerbeiß ich deinen Nussknacker — deinen Nussknacker! « — So pfiff Mausekönig, knapperte und knirschte dabei sehr hässlich mit den Zähnen[3], und sprang dann schnell wieder fort durch das Mauerloch. Marie war so geängstet von der graulichen Erscheinung, dass sie den andern Morgen (第二天早晨) ganz

1 似乎有一些小石头被扔来扔去,滚来滚去。

2 她四肢不能动弹。das Glied 肢体,四肢; vermöchten, etw. zu tun〈雅〉有能力做某事

3 knappern 小口小口地咬, 啃; mit den Zähnen knirschen 把牙齿咬得格格响

blass aussah, und im Innersten(在内心深处) aufgeregt, kaum ein Wort zu reden vermochte. Hundertmal wollte sie der Mutter oder der Luise, oder wenigstens dem Fritz klagen, was ihr geschehen, aber sie dachte:»Glaubt's mir denn einer, und werd ich nicht obendrein tüchtig ausgelacht(aus/lachen 嘲笑)?« — Das war ihr denn aber wohl klar, dass sie um den Nussknacker zu retten, Zuckererbsen und Marzipan hergeben müsse[4]. So viel sie davon besaß, legte sie daher den andern Abend hin vor der Leiste des Schranks.

Am Morgen sagte die Medizinalrätin:»Ich weiß nicht, woher die Mäuse mit einemmal in unser Wohnzimmer kommen, sieh nur, arme Marie! Sie haben dir all dein Zuckerwerk aufgefressen.« Wirklich war es so. Den gefüllten Marzipan hatte der gefräßige(gefräßig 贪吃的) Mausekönig nicht nach seinem Geschmack[5] gefunden, aber mit scharfen Zähnen benagt (benagen 啃, 咔), so dass er weggeworfen werden musste. Marie machte sich gar nichts mehr aus dem Zuckerwerk[6], sondern war vielmehr im Innersten erfreut, da sie ihren Nussknacker gerettet glaubte.

Doch wie ward ihr, als in der folgenden

4 然而她很清楚, 为了救胡桃夹子, 她必须交出甜豌豆和杏仁糖。

5 合他(指鼠王)的口味

6 玛丽根本不再那么喜欢甜食。sich(D.) nichts aus jm./etw. machen 不喜欢某人或某事

Nacht es dicht an ihren Ohren pfiff und quiekte. Ach der Mausekönig war wieder da, und noch abscheulicher, wie in der vorvorigen Nacht, funkelten seine Augen, und noch widriger pfiff er zwischen den Zähnen.»Musst mir deine Zucker-, deine Dragantpuppen geben, klein Ding, sonst zerbeiß ich deinen Nussknacker, deinen Nussknacker«, und damit sprang der grauliche Mausekönig wieder fort — Marie war sehr betrübt（悲伤的）, sie ging den andern Morgen an den Schrank, und sah mit den wehmütigsten Blicken ihre Zucker- und Dragantpüppchen an. Aber ihr Schmerz war auch gerecht[7], denn nicht glauben magst du's, meine aufmerksame Zuhörerin Marie! Was für ganz allerliebste Figürchen aus Zucker oder Dragant geformt die kleine Marie Stahlbaum besaß.

7　她的痛苦也有道理啊。

Nächstdem, dass ein sehr hübscher Schäfer（m. 牧人）mit seiner Schäferin eine ganze Herde milchweißer Schäflein weidete（weiden 放牧）, und dabei sein muntres Hündchen herumsprang, so traten auch zwei Briefträger（m. 邮递员）mit Briefen in der Hand einher, und vier sehr hübsche Paare, sauber gekleidete Jünglinge mit überaus herrlich geputzten

Mädchen schaukelten (schaukeln 荡秋千) sich in einer russischen Schaukel. Hinter einigen Tänzern stand noch der Pachter Feldkümmel mit der Jungfrau von Orleans, aus denen sich Marie nicht viel machte, aber ganz im Winkelchen stand ein rotbäckiges (rotbäckig 面色红润的) Kindlein, Mariens Liebling, die Tränen stürzten der kleinen Marie aus den Augen[8].»Ach«, rief sie, sich zu dem Nussknacker wendend,»lieber Herr Droßelmeier, was will ich nicht alles tun, um Sie zu retten; aber es ist doch sehr hart!«Nussknacker sah indessen so weinerlich aus, dass Marie, da es überdem ihr war, als sähe sie Mausekönigs sieben Rachen (m. 咽喉；大口) geöffnet, den unglücklichen Jüngling zu verschlingen (吞没), alles aufzuopfern beschloss.

Alle Zuckerpüppchen setzte sie daher abends, wie zuvor das Zuckerwerk, an die Leiste des Schranks. Sie küsste den Schäfer, die Schäferin, die Lämmerchen, und holte auch zuletzt ihren Liebling, das kleine rotbäckige Kindlein von Dragant aus dem Winkel, welches sie jedoch ganz hinterwärts stellte. Pachter Feldkümmel und die Jungfrau von Orleans mussten in die erste Reihe.»Nein das ist zu arg

8 Die Tränen stürzen jm. aus den Augen. 某人的眼泪夺眶而出。

(讨厌的)«, rief die Medizinalrätin am andern Morgen. »Es muss durchaus eine große garstige Maus in dem Glasschrank hausen(栖身), denn alle schöne Zuckerpüppchen der armen Marie sind zernagt und zerbissen.« Marie konnte sich zwar der Tränen nicht enthalten[9], sie lächelte aber doch bald wieder, denn sie dachte:»Was tut's, ist doch Nussknacker gerettet.«

Der Medizinalrat sagte am Abend, als die Mutter dem Obergerichtsrat von dem Unfug(m. 胡作非为) erzählte, den eine Maus im Glasschrank der Kinder treibe:»Es ist doch aber abscheulich, dass wir die fatale Maus nicht vertilgen(根除) können, die im Glasschrank so ihr Wesen treibt, und der armen Marie alles Zuckerwerk wegfrisst.«»Ei«, fiel Fritz ganz lustig ein:»der Bäcker unten hat einen ganz vortrefflichen grauen Legationsrat, den will ich heraufholen. Er wird dem Dinge bald ein Ende machen[10], und der Maus den Kopf abbeißen, ist sie auch die Frau Mauserinks selbst, oder ihr Sohn, der Mausekönig.«» Und«, fuhr die Medizinalrätin lachend fort[11],»auf Stühle und Tische herumspringen, und Gläser und Tassen herabwerfen[12] und tausend andern Schaden anrichten[13].«»Ach nein doch«, erwiderte Fritz,

9 玛丽虽然没能忍住眼泪, sich (A.) etw. (G.) enthalten 节制, 克制；忍住；放弃

10 他很快会把这事了结。etw. (D.) ein Ende machen 结束某事

11 fort/fahren 继续说

12 将杯子和碟子扔到地上

13 造成损失

»Bäckers Legationsrat ist ein geschickter Mann, ich möchte nur zierlich (灵巧地) auf dem spitzen Dach gehen können, wie er. «»Nur keinen Kater zu Nachtzeit«, bat Luise, die keine Katzen leiden(喜欢) konnte.»Eigentlich«, sprach der Medizinalrat,» eigentlich hat Fritz recht, indessen können wir ja auch eine Falle aufstellen[14]; haben wir denn keine?«—»Die kann uns Pate Droßelmeier am besten machen, der hat sie ja erfunden«, rief Fritz.

Alle lachten, und auf die Versicherung der Medizinalrätin, dass keine Falle im Hause sei, verkündete der Obergerichtsrat, dass er mehrere dergleichen besitze, und ließ wirklich zur Stunde eine ganz vortreffliche Mausfalle von Hause herbeiholen[15]. Dem Fritz und der Marie ging nun des Paten Märchen von der harten Nuss ganz lebendig auf[16]. Als die Köchin den Speck röstete, zitterte und bebte (beben 震动；发抖) Marie, und sprach ganz erfüllt von dem Märchen und den Wunderdingen darin, zur wohlbekannten Dore:» Ach Frau Königin, hüten Sie sich doch nur vor der Frau Mauserinks und ihrer Familie[17].« Fritz hatte aber seinen Säbel gezogen, und sprach:»Ja die sollten nur kommen, denen wollt ich eins auswischen.« Es

14 设置一个捕鼠器，die Falle 陷阱，圈套

15 让人去家里拿了一个精巧的捕鼠器过来

16 弗里茨和玛丽的心头活灵活现地浮现出教父所讲的铁核桃童话。

17 sich (A.) vor jm./etw.(D.) hüten 提防某人/某事

blieb aber alles unter und auf dem Herde ruhig. Als nun der Obergerichtsrat den Speck an ein feines Fädchen band, und leise, leise die Falle an den Glasschrank setzte, da rief Fritz: »Nimm dich in acht[18], Pate Uhrmacher, dass dir Mausekönig keinen Possen (m. 〈渐旧〉戏弄) spielt.«

[18] 你要当心哦。

19 Tag

夜里，玛丽依然看见鼠王出现在房间里搅扰得她不得安宁。第二天早上，玛丽对着胡桃夹子哭诉鼠王的胡作非为，突然发现他居然活了。胡桃夹子决心去解决鼠王，他向玛丽讨要一把宝剑。弗里茨摘下一位退役老上校的宝剑，转挂到胡桃夹子身上。当天夜里，胡桃夹子来到玛丽卧室，告知已打败鼠王，并把他从鼠王那里获取的七顶王冠递给玛丽。最后，胡桃夹子邀请玛丽随他去往一个美妙的地方。

Ach wie ging es der armen Marie in der folgenden Nacht! Eiskalt tupfte(tupfen 轻叩,轻拍) es auf ihrem Arm hin und her, und rauh und ekelhaft(恶心的) legte es sich an ihre Wange(f. 面颊), und piepte und quiekte ihr ins Ohr. — Der abscheuliche Mauskönig saß auf ihrer Schulter, und blutrot geiferte er aus den sieben geöffneten Rachen, und mit den Zähnen knatternd und knirschend, zischte(zischen 嘶嘶作响) er der vor Grauen und Schreck erstarrten Marie[1] ins Ohr:»Zisch aus — zisch aus, geh nicht ins Haus — geh nicht zum Schmaus — werd nicht gefangen — zisch aus — gib heraus, gib heraus, deine Bilderbücher all, dein Kleidchen dazu, sonst hast keine Ruh — magst's nur wissen, Nussknackerlein wirst sonst missen(〈雅,罕〉消失), der wird zerbissen — hi hi — pi pi — quiek quiek!«

Nun war Marie voll Jammer und Betrübnis — sie sah ganz blass und verstört(心烦意乱的) aus, als die Mutter am andern Morgen sagte:»Die böse Maus hat sich noch nicht gefangen«, so dass die Mutter in dem Glauben, dass Marie um ihr Zuckerwerk traure[2], und sich überdem vor der Maus fürchte, hinzufügte:»Aber sei nur ruhig, liebes Kind, die böse Maus wollen

1 der vor Grauen und Schreck erstarrten Marie 被吓呆的玛丽(此处为第三格)

2 为她的甜食而伤心,trauern um ... 为……伤心;哀悼

wir schon vertreiben. Helfen die Fallen nichts, so soll Fritz seinen grauen Legationsrat herbeibringen.«

Kaum befand sich Marie im Wohnzimmer allein, als sie vor den Glasschrank trat, und schluchzend also zum Nussknacker sprach:»Ach mein lieber guter Herr Droßelmeier, was kann ich armes unglückliches Mädchen für Sie tun? Gäb ich nun auch alle meine Bilderbücher, ja selbst(即使) mein schönes neues Kleidchen, das mir der Heilige Christ einbeschert hat, dem abscheulichen Mausekönig zum Zerbeißen her, wird er denn nicht doch noch immer mehr verlangen, so dass ich zuletzt nichts mehr haben werde, und er gar mich selbst statt Ihrer zerbeißen wollen wird³? — O ich armes Kind, was soll ich denn nun tun — was soll ich denn nun tun?« — Als die kleine Marie so jammerte und klagte, bemerkte sie, dass dem Nussknacker von jener Nacht her ein großer Blutfleck(m. 血迹) am Halse sitzengeblieben war. Seit der Zeit, dass Marie wusste, wie ihr Nussknacker eigentlich der junge Droßelmeier, des Obergerichtsrats Neffe sei, trug sie ihn nicht mehr auf dem Arm, und herzte und küsste ihn nicht mehr, ja sie mochte ihn aus einer gewissen

3 他(指鼠王)会让我代替您被他咬死吧?

Scheu[4] gar nicht einmal viel anrühren; jetzt nahm sie ihn aber sehr behutsam aus dem Fache, und fing an, den Blutfleck am Halse mit ihrem Schnupftuch abzureiben (ab/reiben 擦去).

    Aber wie ward ihr, als sie plötzlich fühlte, dass Nussknackerlein in ihrer Hand erwärmte (erwärmen 变暖), und sich zu regen begann. Schnell setzte sie ihn wieder ins Fach, da wackelte das Mündchen hin und her, und mühsam lispelte Nussknackerlein:» Ach, werteste Demoiselle Stahlbaum — vortreffliche Freundin, was verdanke ich Ihnen alles — Nein, kein Bilderbuch, kein Christkleidchen sollen Sie für mich opfern — schaffen Sie nur ein Schwert — ein Schwert, für das übrige will ich sorgen, mag er —« Hier ging dem Nussknacker die Sprache aus[5], und seine erst zum Ausdruck der innigsten Wehmut beseelten (beseelt 有灵魂的, 有生气的) Augen wurden wieder starr und leblos.

    Marie empfand gar kein Grauen, vielmehr hüpfte sie vor Freuden, da sie nun ein Mittel wusste, den Nussknacker ohne weitere schmerzhafte Aufopferungen (Aufopferung f. 牺牲) zu retten. Aber wo nun ein Schwert für den

4　出于某种羞怯, die Scheu 害羞, 胆怯

5　胡桃夹子说不出话来了。jm. geht die Sprache aus 某人说不出话来

Kleinen hernehmen? — Marie beschloss, Fritzen zu Rate zu ziehen[6], und erzählte ihm abends, als sie, da die Eltern ausgegangen, einsam in der Wohnstube am Glasschrank saßen, alles, was ihr mit dem Nussknacker und dem Mausekönig widerfahren, und worauf es nun ankomme, den Nussknacker zu retten. Über nichts wurde Fritz nachdenklicher, als darüber, dass sich, nach Mariens Bericht, seine Husaren in der Schlacht so schlecht genommen haben sollten. Er frug[7] noch einmal sehr ernst, ob es sich wirklich so verhalte, und nachdem es Marie auf ihr Wort versichert, so ging Fritz schnell nach dem Glasschrank, hielt seinen Husaren eine pathetische Rede[8], und schnitt dann, zur Strafe ihrer Selbstsucht und Feigheit(f. 胆怯), einem nach dem andern das Feldzeichen von der Mütze, und untersagte ihnen auch, binnen einem Jahr den Gardehusarenmarsch zu blasen. Nachdem er sein Strafamt vollendet, wandte er sich wieder zu Marien, sprechend:»Was den Säbel betrifft, so kann ich dem Nussknacker helfen, da ich einen alten Obristen von den Kürassiers gestern mit Pension in Ruhestand(m. 退休)versetzt habe, der folglich seinen schönen scharfen Säbel nicht mehr braucht.«

6 找弗里茨商量，jn./etw. zu Rate ziehen 向某人或某物（如字典等）请教

7 frug 是 fragen 的另一种过去时形式，只在北德部分地区使用，较少见。

8 激动而庄重地对他的骠骑兵讲话，eine Rede halten 演说，讲话，发言

Besagter Obrister verzehrte（verzehren〈渐旧〉花费）die ihm von Fritzen angewiesene Pension in der hintersten Ecke des dritten Faches. Dort wurde er hervorgeholt, ihm der in der Tat schmucke silberne Säbel abgenommen[9], und dem Nussknacker umgehängt[10].

Vor bangem Grauen konnte Marie in der folgenden Nacht nicht einschlafen, es war ihr um Mitternacht so, als höre sie im Wohnzimmer ein seltsames Rumoren, Klirren und Rauschen. Mit einemmal ging es:»Quiek!«»Der Mausekönig! der Mausekönig!«, rief Marie, und sprang voll Entsetzen aus dem Bette. Alles blieb still; aber bald klopfte es leise, leise an die Türe, und ein feines Stimmchen ließ sich vernehmen[11]:»Allerbeste Demoiselle Stahlbaum, machen Sie nur getrost auf — gute fröhliche Botschaft（f. 消息）!« Marie erkannte die Stimme des jungen Droßelmeier, warf ihr Röckchen über, und öffnete flugs（(〈渐旧〉立刻,马上)）die Türe.

Nussknackerlein stand draußen, das blutige Schwert in der rechten, ein Wachslichtchen in der linken Hand. Sowie er Marien erblickte, ließ er sich auf ein Knie nieder[12], und sprach also:»Ihr, o Dame! seid es allein, die mich

9 从他（指退役老上校）身上摘下银质的精美宝剑

10 挂到胡桃夹子小人的身上, um/hängen 悬挂

11 可以听到一个很细小的声音。vernehmen 听见

12 他单膝跪地。sich (A.) auf ein Knie/ die Knie nieder/lassen 单膝/双膝下跪

mit Rittermut stählte[13], und meinem Arme Kraft gab, den Übermütigen zu bekämpfen, der es wagte, Euch zu höhnen[14]. Überwunden liegt der verräterische (verräterisch 背信弃义的) Mausekönig und wälzt sich in seinem Blute! — Wollet, o Dame! die Zeichen des Sieges aus der Hand Eures Euch bis in den Tod ergebenen Ritters anzunehmen nicht verschmähen[15]! « Damit streifte Nussknackerchen die sieben goldenen Kronen des Mausekönigs, die er auf den linken Arm heraufgestreift hatte, sehr geschickt herunter[16], und überreichte sie Marien, welche sie voller Freude annahm. Nussknacker stand auf, und fuhr also fort: »Ach meine allerbeste Demoiselle Stahlbaum, was könnte ich in diesem Augenblicke, da ich meinen Feind überwunden, Sie für herrliche Dinge schauen lassen, wenn Sie die Gewogenheit (f. 友爱) hätten, mir nun ein paar Schrittchen zu folgen(跟随)! — O tun Sie es — tun Sie es, beste Demoiselle!«

13 用骑士的勇气锻炼了我, stählen 使坚强,锻炼

14 制服那个胆敢讥讽您的傲慢家伙

15 请从至死效忠于您的骑士手中接受胜利的标志,可不要轻蔑地拒绝!

16 ... streifte Nussknackerchen die sieben goldenen Kronen des Mausekönigs... herunter 胡桃夹子小人(从左臂上)把鼠王的七项金冠撸下来。

Tag 20

家中的大衣柜里挂着爸爸的狐皮袍子,从衣袖垂下一架精巧的小梯子。胡桃夹子带着玛丽顺着梯子进入了玩偶王国。他们经过冰糖草地、用杏仁和葡萄干制成的大门,看到演奏音乐的小猴,穿过结着美丽果实的神奇小树林。胡桃夹子拍拍手,唤来一群牧羊人和猎人。牧羊人跳起芭蕾舞,猎人们则吹笛伴奏。随后他们一起消失于灌木丛中。

Ich glaube, keins von euch, ihr Kinder, hätte auch nur einen Augenblick angestanden, dem ehrlichen gutmütigen Nussknacker, der nie Böses im Sinn haben[1] konnte, zu folgen. Marie tat dies umso mehr, da sie wohl wusste, wie sehr sie auf Nussknackers Dankbarkeit Anspruch machen[2] könne, und überzeugt war, dass er Wort halten[3], und viel Herrliches ihr zeigen werde. Sie sprach daher:»Ich gehe mit Ihnen, Herr Droßelmeier, doch muss es nicht weit sein, und nicht lange dauern, da ich ja noch gar nicht ausgeschlafen habe.«»Ich wähle deshalb«, erwiderte Nussknacker,»den nächsten, wiewohl etwas beschwerlichen Weg.« Er schritt voran, Marie ihm nach, bis er vor dem alten mächtigen (mächtig 高大结实的) Kleiderschrank auf dem Hausflur stehenblieb. Marie wurde zu ihrem Erstaunen gewahr[4], dass die Türen dieses sonst wohl verschlossenen Schranks offenstanden, so dass sie deutlich des Vaters Reisefuchspelz erblickte, der ganz vorne hing. Nussknacker kletterte sehr geschickt an den Leisten und Verzierungen herauf, dass er die große Troddel, die an einer dicken Schnur befestigt, auf dem Rückteile jenes Pelzes hing, erfassen konnte. Sowie Nussknacker diese Troddel stark anzog,

1 从未有过坏心思

2 ≈ etw. in Anspruch nehmen 使用/需要某物

3 (sein) Wort halten 遵守诺言

4 玛丽惊讶地得知

ließ sich schnell eine sehr zierliche Treppe von Zedernholz durch den Pelzärmel herab[5]. »Steigen Sie nur gefälligst aufwärts, teuerste Demoiselle«, rief Nussknacker. Marie tat es, aber kaum war sie durch den Ärmel gestiegen, kaum sah sie zum Kragen heraus, als ein blendendes (blendend 耀眼的) Licht ihr entgegenstrahlte, und sie mit einemmal auf einer herrlich duftenden Wiese stand, von der Millionen Funken, wie blinkende Edelsteine emporstrahlten.« Wir befinden uns auf der Kandiswiese[6] «, sprach Nussknacker, »wollen aber alsbald jenes Tor passieren.« Nun wurde Marie, indem sie aufblickte, erst das schöne Tor gewahr, welches sich nur wenige Schritte vorwärts auf der Wiese erhob. Es schien ganz von weiß, braun und rosinfarben gesprenkeltem[7] Marmor (m. 大理石) erbaut zu sein, aber als Marie näher kam, sah sie wohl, dass die ganze Masse aus zusammengebackenen Zuckermandeln und Rosinen bestand[8], weshalb denn auch, wie Nussknacker versicherte, das Tor, durch welches sie nun durchgingen, das Mandeln- und Rosinentor hieß. Gemeine Leute hießen es sehr unziemlich (〈雅〉不得体的; 不适当的), die Studentenfutterpforte. Auf einer

5　很快, 一架非常细巧的雪松木梯子从皮袍子的袖管里滑落下来。

6　我们身处冰糖草地。sich (A.) irgendwo befinden 在, 处于

7　带白色, 咖啡色和葡萄干纹样的, gesprenkelt 有斑点的

8　由混合烤制在一起的糖杏仁和葡萄干组成, bestehen aus... 由……组成

herausgebauten Galerie dieses Tores, augenscheinlich aus Gerstenzucker (m. 大麦糖), machten sechs in rote Wämserchen gekleidete Äffchen (n. 小猴子) die allerschönste Janitscharenmusik, die man hören konnte, so dass Marie kaum bemerkte, wie sie immer weiter, weiter auf bunten Marmorwiesen, die aber nichts anders waren, als schön gearbeitete Morschellen, fortschritt. Bald umwehten sie die süßesten Gerüche, die aus einem wunderbaren Wäldchen strömten, das sich von beiden Seiten auftat[9]. In dem dunkeln Laube(Laub n. 叶子) glänzte und funkelte es so hell hervor, dass man deutlich sehen konnte, wie goldene und silberne Früchte an buntgefärbten Stengeln (Stengel = Stängel m. 茎,干) herabhingen, und Stamm und Äste sich mit Bändern und Blumensträußen geschmückt hatten, gleich[10] fröhlichen Brautleuten(Brautleute Pl. 新郎和新娘) und lustigen Hochzeitsgästen. Und wenn die Orangendüfte sich wie wallende Zephire(Zephir m.〈诗〉和风,微风) rührten, da sauste es in den Zweigen und Blättern[11], und das Rauschgold knitterte und knatterte, dass es klang wie jubelnde Musik, nach der die funkelnden Lichterchen hüpften und tanzen

9　小林子两边都开有入口。sich (A.) auf/tun 开启

10　gleich 在此处用作介词,后接第三格,表示"与……相似,像……"。

11　枝条和林叶儿沙沙作响。

müssten[12].

»Ach, wie schön ist es hier«, rief Marie ganz selig und entzückt. » Wir sind im Weihnachtswalde, beste Demoiselle «, sprach Nussknackerlein. »Ach«, fuhr Marie fort, dürft ich hier nur etwas verweilen(逗留), o es ist ja hier gar zu schön.« Nussknacker klatschte in die kleinen Händchen[13] und sogleich kamen einige kleine Schäfer und Schäferinnen, Jäger und Jägerinnen herbei, die so zart und weiß waren, dass man hätte glauben sollen, sie wären von purem Zucker[14] und die Marie, unerachtet sie im Walde umherspazierten, noch nicht bemerkt hatte. Sie brachten einen allerliebsten ganz goldenen Lehnsessel herbei, legten ein weißes Kissen von Reglisse darauf, und luden Marien sehr höflich ein, sich darauf niederzulassen[15]. Kaum hatte sie es getan, als Schäfer und Schäferinnen ein sehr artiges Ballett (n. 芭蕾舞) tanzten, wozu die Jäger ganz manierlich bliesen, dann verschwanden sie aber alle in dem Gebüsche(Gebüsch n. 灌木丛).

12 发出的声响宛如欢快的音乐,闪烁的小灯不由得随着音乐雀跃跳舞。

13 胡桃夹子拍拍小手。in die Hände klatschen 拍手, 鼓掌

14 他们(指牧羊人和猎人)又嫩又白,叫人几乎以为他们是用纯糖制成的。

15 坐(到椅子)上去

21 Tag

　　看完表演后,胡桃夹子带着玛丽继续游历玩偶王国,一路上奇景不断:橙子溪、杏乳湖、柠檬江、姜饼屋、糖果城等。所到之处芬芳醉人,流水潺潺美如乐音。在玫瑰湖畔,玛丽看见戴金颈带的银白色天鹅,兴奋地发现这儿与教父曾打算为她制作的场景一模一样。可胡桃夹子却认为这远超教父所能。他们将乘船渡过玫瑰湖前往京城。

» Verzeihen Sie «, sprach Nussknacker, »verzeihen Sie, werteste Demoiselle Stahlbaum, dass der Tanz so miserabel ausfiel, aber die Leute waren alle von unserm Drahtballett, die können nichts anders machen als immer und ewig dasselbe: und dass die Jäger so schläfrig und flau (〈口〉疲乏的,软弱无力的) dazu bliesen, das hat auch seine Ursachen. Der Zuckerkorb hängt zwar über ihrer Nase in den Weihnachtsbäumen, aber etwas hoch! — Doch wollen wir nicht was weniges weiterspazieren?«
»Ach es war doch alles recht hübsch und mir hat es sehr wohl gefallen!«, so sprach Marie, indem sie aufstand und dem voranschreitenden Nussknacker folgte. Sie gingen entlang eines süß rauschenden, flüsternden[1] Baches, aus dem nun eben all die herrlichen Wohlgerüche zu duften schienen, die den ganzen Wald erfüllten. »Es ist der Orangenbach (m. 橙子溪)«, sprach Nussknacker auf Befragen,» doch seinen schönen Duft ausgenommen[2], gleicht er nicht an Größe und Schönheit dem Limonadenstrom[3], der sich gleich ihm in den Mandelmilchsee (m. 杏乳湖) ergießt.« In der Tat vernahm Marie bald ein stärkeres Plätschern und Rauschen und erblickte den breiten Limonadenstrom (m. 柠檬

[1] 潺潺流淌的,轻声细语的

[2] 除了香气之外, ausgenommen 除非,除此之外

[3] 它(指橙子溪)可比不上柠檬江的浩瀚和美丽。gleichen 与……相像

江), der sich in stolzen isabellfarbenen Wellen zwischen gleich grün glühenden Karfunkeln leuchtendem Gesträuch fortkräuselte[4]. Eine ausnehmend frische, Brust und Herz stärkende Kühlung[5] wogte (wogen 涌动) aus dem herrlichen Wasser.

Nicht weit davon schleppte sich mühsam ein dunkelgelbes Wasser fort[6], das aber ungemein süße Düfte verbreitete und an dessen Ufer allerlei sehr hübsche Kinderchen saßen, welche kleine dicke Fische angelten(angeln 钓鱼) und sie alsbald verzehrten(verzehren 吃). Näher gekommen bemerkte Marie, dass diese Fische aussahen wie Lampertsnüsse. In einiger Entfernung lag ein sehr nettes Dörfchen an diesem Strome, Häuser, Kirche, Pfarrhaus, Scheuern, alles war dunkelbraun, jedoch mit goldenen Dächern geschmückt, auch waren viele Mauern so bunt gemalt, als seien Zitronat und Mandelkerne daraufgeklebt.» Das ist Pfefferkuchheim (n. 姜饼屋)«, sagte Nussknacker,»welches am Honigstrome(m. 蜂蜜河) liegt, es wohnen ganz hübsche Leute darin, aber sie sind meistens verdrießlich, weil sie sehr an Zahnschmerzen leiden[7], wir wollen daher nicht erst hineingehen.«

4 只见江水翻涌着灰黄色的波浪, 穿过仿佛闪耀着红宝石光泽的翠绿的树丛, 雄壮地滚滚向前。isabellfarben 灰黄色的; der Karfunkel 红宝石

5 令心胸为之振奋的清凉, stärkend 是第一分词作定语。

6 sich (A.) fort/schleppen 缓缓前行

7 因为他们饱受牙痛之苦, leiden an + D. 患病

In dem Augenblick bemerkte Marie ein Städtchen, das aus lauter bunten durchsichtigen (durchsichtig 透明的) Häusern bestand, und sehr hübsch anzusehen war. Nussknacker ging geradezu darauf los, und nun hörte Marie ein tolles lustiges Getöse (n. 喧闹) und sah wie tausend niedliche kleine Leutchen viele hochbepackte Wagen, die auf dem Markte hielten, untersuchten und abzupacken im Begriff standen. Was sie aber hervorbrachten, war anzusehen wie buntes gefärbtes Papier und wie Schokoladetafeln.» Wir sind in Bonbonshausen«, sagte Nussknacker,»eben ist eine Sendung aus dem Papierlande und vom Schokoladenkönige angekommen. Die armen Bonbonshäuser wurden neulich von der Armee des Mückenadmirals hart bedroht (bedrohen 威胁), deshalb überziehen sie ihre Häuser mit den Gaben des Papierlandes[8] und führen Schanzen auf, von den tüchtigen Werkstücken, die ihnen der Schokoladenkönig sandte[9]. Aber beste Demoiselle Stahlbaum, nicht alle kleinen Städte und Dörfer dieses Landes wollen wir besuchen — zur Hauptstadt — zur Hauptstadt!«

Rasch eilte Nussknacker vorwärts, und Marie voller Neugierde ihm nach. Nicht lange

8 他们用纸国捐赠的纸张蒙盖在自己的房屋上。
9 用巧克力国王送来的大块儿巧克力修筑战壕

dauerte es, so stieg ein herrlicher Rosenduft auf (auf/steigen 升腾起) und alles war wie von einem sanften hinhauchenden Rosenschimmer umflossen(umfließen 环绕……流过). Marie bemerkte, dass dies der Widerschein(m. 反光) eines rosenrot glänzenden Wassers war, das in kleinen rosasilbernen Wellen vor ihnen her wie in wunderlieblichen Tönen und Melodien plätscherte und rauschte[10]. Auf diesem anmutigen Gewässer, das sich immer mehr und mehr wie ein großer See ausbreitete, schwammen sehr herrliche silberweiße Schwäne mit goldnen Halsbändern[11], und sangen miteinander um die Wette die hübschesten Lieder, wozu diamantne Fischlein aus den Rosenfluten auf- und niedertauchten wie im lustigen Tanze[12]. »Ach«, rief Marie ganz begeistert aus, »ach das ist der See, wie ihn Pate Droßelmeier mir einst machen wollte, wirklich, und ich selbst bin das Mädchen, das mit den lieben Schwänchen kosen (爱抚) wird.« Nussknackerlein lächelte so spöttisch, wie es Marie noch niemals an ihm bemerkt hatte, und sprach dann:» So etwas kann denn doch wohl der Onkel niemals zustande bringen[13]; Sie selbst viel eher, liebe Demoiselle Stahlbaum, doch lassen Sie uns

10 …, das… wie in wunderlieblichen Tönen und Melodien plätscherte und rauschte. 如同伴着美妙的乐音和旋律，流水潺潺，流水哗哗。

11 戴有金颈带的银白色天鹅

12 带有钻石光泽的小鱼儿在玫瑰色水面上跃出和潜入，宛如跳着欢乐的舞蹈。

13 叔叔永远造不出如此这般的东西来。
etw. zustande bringen 完成或实现某事

darüber nicht grübeln(沉思), sondern vielmehr über den Rosensee hinüber nach der Hauptstadt schiffen(乘船).«

22 Tag

　　胡桃夹子拍拍手，玫瑰湖面上驶来一辆贝壳车，金鳞海豚当车夫。他们乘坐贝壳车渡过了玫瑰湖，来到挂满珍稀果实的果酱林。之后，王国京城就展现在他们眼前了。市集广场上，建筑几乎都用糖果做成，喷泉源源不断地喷洒果汁，全世界形形色色的人云集于此。拥挤中也免不了发生混乱：一个渔民撞坏了印度婆罗门教徒的脑袋，某大人物的轿子被马戏班小丑撞翻，骚动随后扩大到整个人群。好在市长及时出面平息了这场混乱。

Nussknackerlein klatschte abermals in die kleinen Händchen, da fing der Rosensee an stärker zu rauschen, die Wellen plätscherten höher auf, und Marie nahm wahr (wahr/ nehmen 发觉), wie aus der Ferne ein aus lauter bunten, sonnenhell funkelnden Edelsteinen geformter Muschelwagen (m. 贝壳车), von zwei goldschuppigen Delphinen (Delphin m. 海豚) gezogen, sich nahte[1]. Zwölf kleine allerliebste Mohren (Mohr m. 摩尔人) mit Mützchen und Schürzchen, aus glänzenden Kolibrifedern gewebt, sprangen ans Ufer und trugen erst Marien, dann Nussknackern, sanft über die Wellen gleitend, in den Wagen, der sich alsbald durch den See fortbewegte. Ei wie war das so schön, als Marie im Muschelwagen, von Rosenduft umhaucht, von Rosenwellen umflossen, dahinfuhr. Die beiden goldschuppigen Delphine erhoben ihre Nüstern und spritzten kristallene Strahlen hoch in die Höhe[2], und wie die in flimmernden und funkelnden Bogen niederfielen, da war es, als sängen zwei holde feine Silberstimmchen:» Wer schwimmt auf rosigem See? — die Fee (f. 仙女)! Mücklein! bim bim Fischlein, sim sim — Schwäne! Schwa schwa, Goldvogel! trarah, Wellenströme —

[1] nahen 是书面用词，如今多作不及物动词单独使用，表示"接近，靠近", sich (A.) (jm.) nahen 为渐旧用法。

[2] （海豚）扬起鼻孔，向空中高高喷射出水晶般的水线。

rührt euch, klinget, singet, wehet, spähet —
Feelein, Feelein kommt gezogen; Rosenwogen,
wühlet, kühlet, spület spült hinan — hinan!«
— Aber die zwölf kleinen Mohren, die hinten
auf den Muschelwagen aufgesprungen waren,
schienen das Gesinge der Wasserstrahlen ordentlich
übelzunehmen[3], denn sie schüttelten ihre
Sonnenschirme so sehr, dass die Dattelblätter,
aus denen sie geformt waren, durcheinander
knitterten und knatterten[4], und dabei stampften
(stampfen 跺脚) sie mit den Füßen einen ganz
seltsamen Takt, und sangen:»Klapp und klipp
und klipp und klapp, auf und ab — Mohrenreigen
darf nicht schweigen; rührt euch Fische — rührt
euch Schwäne, dröhne Muschelwagen, dröhne,
klapp und klipp und klipp und klapp und auf
und ab!«

»Mohren sind gar lustige Leute«, sprach
Nussknacker etwas betreten(尴尬地,窘迫地),
»aber sie werden mir den ganzen See rebellisch
(叛逆的) machen.« In der Tat ging auch bald
ein sinnverwirrendes Getöse wunderbarer
Stimmen los[5], die in See und Luft zu
schwimmen (漂浮) schienen, doch Marie
achtete dessen nicht, sondern sah in die
duftenden Rosenwellen, aus deren jeder ihr ein

3　(jm.) etw. übel
nehmen 对(某人的)
……见怪,生气

4　他们(指摩尔人)
使劲摇动用枣树叶做
成的遮阳伞,树叶儿挤
挤挨挨,发出沙沙声。

5　不久果真响起了诸
多奇妙声音发出的喧
闹声,令人迷离恍惚。
los/gehen 开始

holdes anmutiges Mädchenantlitz (n. 女孩的面庞) entgegenlächelte. »Ach«, rief sie freudig, indem sie die kleinen Händchen zusammenschlug: »ach schauen Sie nur, lieber Herr Droßelmeier! Da unten ist die Prinzessin Pirlipat, die lächelt mich an[6] so wunderhold. Ach schauen Sie doch nur, lieber Herr Droßelmeier!« — Nussknacker seufzte aber fast kläglich und sagte: »O beste Demoiselle Stahlbaum, das ist nicht die Prinzessin Pirlipat, das sind Sie und immer nur Sie selbst, immer nur Ihr eignes holdes Antlitz, das so lieb aus jeder Rosenwelle lächelt.« Da fuhr Marie schnell mit dem Kopf zurück[7], schloss die Augen fest zu und schämte sich sehr. In demselben Augenblick wurde sie auch von den zwölf Mohren aus dem Muschelwagen gehoben und an das Land getragen. Sie befand sich in einem kleinen Gebüsch, das beinahe noch schöner war als der Weihnachtswald, so glänzte und funkelte alles darin, vorzüglich waren aber die seltsamen Früchte zu bewundern (惊叹), die an allen Bäumen hingen, und nicht allein seltsam gefärbt waren, sondern auch[8] ganz wunderbar dufteten.

»Wir sind im Konfitürenhain (m. 果酱林)«, sprach Nussknacker, » aber dort ist die

6 jn. an/lächeln 对某人微笑

7 玛丽赶紧缩回脑袋。

8 nicht allein... sondern auch... 不仅......而且......

Hauptstadt.« Was erblickte Marie nun! Wie werd ich es denn anfangen, euch, ihr Kinder die Schönheit und Herrlichkeit der Stadt zu beschreiben, die sich jetzt breit über einen reichen Blumenanger hin vor Mariens Augen auftat[9]. Nicht allein dass Mauern und Türme in den herrlichsten Farben, so war auch wohl, was die Form der Gebäude anlangt[10], gar nichts Ähnliches auf Erden(在世间) zu finden. Denn statt der Dächer hatten die Häuser zierlich geflochtene Kronen aufgesetzt, und die Türme sich mit dem zierlichsten buntesten Laubwerk gekränzt(kränzen 〈罕〉以花环装饰), das man nur sehen kann. Als sie durch das Tor, welches so aussah, als sei es von lauter Makronen (Makrone f. 蛋白杏仁饼) und überzuckerten (überzuckern 给……包糖衣) Früchten erbaut, gingen, präsentierten silberne Soldaten das Gewehr und ein Männlein in einem brokatnen Schlafrock warf sich dem Nussknacker an den Hals mit den Worten:» Willkommen, bester Prinz, willkommen in Konfektburg (f. 蜜饯堡)!« Marie wunderte sich nicht wenig, als sie merkte, dass der junge Droßelmeier von einem sehr vornehmen Mann als Prinz anerkannt wurde.

9 玛丽眼前展现出一座城市,广阔地延绵于繁花似锦的草场上。

10 就建筑物的形状而言, was jn/etw.(A.) anlangt 至于……, 就……方面来说,相当于 was jn/etw.(A.) betrifft/anbelangt。

Nun hörte sie aber so viel feine Stimmchen durcheinandertoben, solch ein Gejuchze und Gelächter, solch ein Spielen und Singen, dass sie an nichts anders denken konnte, sondern nur gleich Nussknackerchen fragte, was denn das zu bedeuten habe?»O beste Demoiselle Stahlbaum«, erwiderte Nussknacker:» das ist nichts Besonderes, Konfektburg ist eine volkreiche (volkreich 人口众多的) lustige Stadt, da geht's alle Tage so her, kommen Sie aber nur gefälligst weiter.« Kaum waren sie einige Schritte gegangen, als sie auf den großen Marktplatz kamen, der den herrlichsten Anblick gewährte[11]. Alle Häuser ringsumher waren von durchbrochener (durchbrochen 镂空的) Zuckerarbeit, Galerie über Galerie getürmt[12], in der Mitte stand ein hoher überzuckerter Baumkuchen als Obelisk und um ihn her sprützten Fontänen(Fontäne f. 喷泉), Orsade, Limonade und andere herrliche süße Getränke in die Lüfte; und in dem Becken sammelte sich lauter Creme(f. 奶油食品), den man gleich hätte auslöffeln(用勺舀出) mögen.

Aber hübscher als alles das, waren die allerliebsten kleinen Leutchen die sich zu Tausenden Kopf an Kopf (头挨头) durcheinanderdrängten und juchzten (juchzen

11 广场展现了最美妙的景象。etw. gewährt jm. etw. 提供,给予

12 回廊层层叠叠。

〈口〉= jauchzen 欢呼）und lachten und scherzten und sangen, kurz jenes lustige Getöse erhoben, das Marie schon in der Ferne gehört hatte. Da gab es schöngekleidete Herren und Damen, Armenier und Griechen, Juden und Tiroler, Offiziere und Soldaten, und Prediger und Schäfer und Hanswürste, kurz alle nur mögliche Leute, wie sie in der Welt zu finden sind[13]. An der einen Ecke wurde größer der Tumult, das Volk strömte auseinander, denn eben ließ sich der Großmogul[14] auf einem Palankin vorübertragen, begleitet von dreiundneunzig Großen des Reichs und siebenhundert Sklaven (Sklave m. 奴隶). Es begab sich aber, dass[15] an der andern Ecke die Fischerzunft, an fünfhundert Köpfe stark, ihren Festzug(m. 节日游行) hielt und übel war es auch, dass der türkische Großherr gerade den Einfall(m. 突发奇想) hatte, mit dreitausend Janitscharen über den Markt spazierenzureiten, wozu noch der große Zug aus dem unterbrochenen Opferfeste kam, der mit klingendem Spiel und dem Gesange:» Auf danket der mächtigen Sonne«, gerade auf den Baumkuchen zuwallte. Das war ein Drängen und Stoßen und Treiben und Gequieke[16]!

13 只要这世上能找得到的人,这儿都有。

14 指莫卧儿帝国（1526—1857）的统治者,此处也可译为"印度王公"。

15 Es begab sich, dass... 曾发生过这样的事……

16 真是挤挤挨挨,推推搡搡,熙熙攘攘,喧闹尖叫! das Gequiek 持续的尖叫

Bald gab es auch viel Jammergeschrei, denn ein Fischer hatte im Gedränge einem Brahmin den Kopf abgestoßen (ab/stoßen 撞坏) und der Großmogul wäre beinahe von einem Hanswurst überrannt (überrennen 冲倒) worden. Toller und toller wurde der Lärm und man fing bereits an sich zu stoßen und zu prügeln[17], als der Mann im brokatnen Schlafrock, der am Tor den Nussknacker als Prinz begrüßt hatte, auf den Baumkuchen kletterte, und nachdem eine sehr hell klingende Glocke dreimal angezogen worden, dreimal laut rief:»Konditor! Konditor! Konditor!« Sogleich legte sich der Tumult[18], ein jeder suchte sich zu behelfen wie er konnte, und nachdem die verwickelten Züge sich entwickelt hatten, der besudelte (besudeln 把······弄脏) Großmogul abgebürstet (ab/bürsten 刷去, 刷净), und dem Brahmin der Kopf wieder aufgesetzt worden, ging das vorige lustige Getöse aufs neue los.

»Was bedeutet das mit dem Konditor, guter Herr Droßelmeier«, fragte Marie.»Ach beste Demoiselle Stahlbaum«, erwiderte Nussknacker,» Konditor wird hier eine unbekannte (unbekannt 未知的), aber sehr grauliche Macht genannt, von der man glaubt,

[17] 人们已经开始相互冲撞和殴打。

[18] 骚动立即平息下来。etw. (der Sturm/ der Wind/die Wut) legt sich. (风暴/怒气等)减弱, 缓和, 平息

dass sie aus dem Menschen machen könne was sie wolle; es ist das Verhängnis (n. 厄运), welches über dies kleine lustige Volk regiert, und sie fürchten dieses so sehr, dass durch die bloße Nennung des Namens der größte Tumult gestillt werden kann[19], wie es eben der Herr Bürgermeister bewiesen hat.«

19 他们(指民众)非常害怕这可怕的力量,以至于单单提它的名字就能平息最严重的骚乱。

Tag 23

　　玩偶王国京城的混乱平息,玛丽和胡桃夹子来到杏仁糖宫。宫殿此前被馋嘴巨人吃掉了一部分,目前还在修补中。宫殿内,四位衣饰华丽的公主感谢玛丽对王兄胡桃夹子的救命之恩。彩色水晶厅中,公主们用精巧的厨具为玛丽准备美食。玛丽帮忙舂碎糖块儿,胡桃夹子则向大家讲述与鼠王的那场恶战。渐渐地,玛丽在杏仁糖宫里睡着了。

»Ein jeder denkt dann nicht mehr an Irdisches（尘世之事）, an Rippenstöße und Kopfbeulen, sondern geht in sich[1] und spricht: ›Was ist der Mensch und was kann aus ihm werden[2]? ‹« — Eines lauten Rufs der Bewunderung, ja des höchsten Erstaunens konnte sich Marie nicht enthalten, als sie jetzt mit einemmal vor einem in rosenrotem Schimmer hell leuchtenden Schlosse mit hundert luftigen Türmen stand. Nur hin und wieder waren reiche Bouquets von Veilchen, Narzissen, Tulpen, Levkojen auf die Mauern gestreut（streuen 散播）, deren dunkelbrennende Farben nur die blendende, ins Rosa spielende Weiße des Grundes[3] erhöhten. Die große Kuppel（f. 圆顶, 穹顶）des Mittelgebäudes, sowie die pyramidenförmigen Dächer der Türme waren mit tausend golden und silbern funkelnden Sternlein besäet（besäen 播撒）[4].

»Nun sind wir vor dem Marzipanschloss（n. 杏仁糖宫）«, sprach Nussknacker. Marie war ganz verloren in dem Anblick des Zauberpalastes, doch entging es ihr nicht[5], dass das Dach eines großen Turmes gänzlich fehlte, welches kleine Männerchen, die auf einem von Zimtstangen erbauten Gerüste（Gerüst n. 脚手

1 反躬自省

2 人是什么, 人能成为什么?

3 白色地面略泛淡红

4 塔楼的金字塔形屋顶上撒满上千金光闪闪和银光熠熠的小星星。

5 不过这点没被她忽略, etw. entgeht jm. 某事被某人忽略, 未被察觉

架) standen, wiederherstellen zu wollen schienen. Noch ehe sie den Nussknacker darum befragte, fuhr dieser fort. »Vor kurzer Zeit drohte diesem schönen Schloss arge Verwüstung (f. 严重破坏), wo nicht gänzlicher Untergang (m. 毁灭). Der Riese Leckermaul[6] kam des Weges gegangen, biss schnell das Dach jenes Turmes herunter und nagte (nagen 啃) schon an der großen Kuppel, die Konfektbürger brachten ihm aber ein ganzes Stadtviertel (n. 城区), sowie einen ansehnlichen Teil des Konfitürenhains als Tribut (m. 贡品), womit er sich abspeisen ließ und weiterging[7].«

In dem Augenblick ließ sich eine sehr angenehme sanfte Musik hören, die Tore des Schlosses öffneten sich und es traten zwölf kleine Pagen heraus mit angezündeten Gewürznelkstengeln, die sie wie Fackeln (Fackel f. 火炬) in den kleinen Händchen trugen. Ihre Köpfe bestanden aus einer Perle, die Leiber aus Rubinen (Rubin m. 红宝石) und Smaragden (Smaragd m. 绿宝石) und dazu gingen sie auf sehr schön aus purem Gold gearbeiteten Füßchen[8] einher. Ihnen folgten vier Damen, beinahe so groß als Mariens Clärchen, aber so über die Maßen herrlich und glänzend

6 馋嘴巨人

7 巨人吃完市民的贡品就被打发走了。ab/speisen 原义为"给……吃饭,为……供应膳食"或"用餐",引申义为"敷衍,应付,打发",此时多用 jn./sich (A.) (mit etw.) abspeisen 这一搭配。文中两种译法都说得通,但从形式上看更偏向引申义(womit 是关系副词,一般指代前面的整句话,此处即市民们向巨人进献贡品的行为,但也有只指代前面一个词的用例)。

8 用纯金打造的小脚

geputzt[9], dass Marie nicht einen Augenblick in ihnen die gebornen Prinzessinnen verkannte. Sie umarmten den Nussknacker auf das zärtlichste und riefen dabei wehmütig freudig:»O mein Prinz! — mein bester Prinz! — o mein Bruder!« Nussknacker schien sehr gerührt, er wischte sich die sehr häufigen Tränen aus den Augen[10], ergriff dann Marien bei der Hand[11] und sprach pathetisch:» Dies ist die Demoiselle Marie Stahlbaum, die Tochter eines sehr achtungswerten (achtungswert 可敬的) Medizinalrates, und die Retterin meines Lebens! Warf sie nicht den Pantoffel (m. 拖鞋) zur rechten Zeit (及时), verschaffte sie mir nicht den Säbel des pensionierten Obristen[12], so läg ich, zerbissen von dem fluchwürdigen (fluchwürdig〈雅〉可恶的) Mausekönig, im Grabe. — Oh! dieser Demoiselle Stahlbaum! Gleicht ihr wohl Pirlipat, obschon sie eine geborne Prinzessin ist, an Schönheit, Güte und Tugend? — Nein, sag ich, nein!« Alle Damen riefen:»Nein!«, und fielen der Marie um den Hals[13] und riefen schluchzend:»O Sie edle Retterin des geliebten prinzlichen Bruders — vortreffliche Demoiselle Stahlbaum!«

Nun geleiteten (geleiten〈雅〉陪同) die

9　装扮得极其华美闪耀

10　sich (D.) die Tränen wischen 擦眼泪

11　jn. bei der Hand ergreifen 抓住某人的手

12　要不是她给我设法弄来那位退役上校的佩剑,这是无引导词 wenn 的条件句,因此须把动词 verschaffte 前置。

13　拥抱玛丽

Damen Marien und den Nussknacker in das Innere des Schlosses, und zwar in einen Saal, dessen Wände aus lauter farbig funkelnden Kristallen bestanden. Was aber vor allem übrigen der Marie so wohlgefiel[14], waren die allerliebsten kleinen Stühle, Tische, Kommoden, Sekretärs u. s. w. die ringsherum standen, und die alle von Zedern- oder Brasilienholz mit daraufgestreuten goldnen Blumen verfertigt waren[15]. Die Prinzessinnen nötigten(nötigen 劝请) Marien und den Nussknacker zum Sitzen, und sagten, dass sie sogleich selbst ein Mahl bereiten[16] wollten. Nun holten sie eine Menge kleiner Töpfchen und Schüsselchen von dem feinsten japanischen Porzellan, Löffel, Messer und Gabeln, Reibeisen, Kasserollen(Kasserolle f. 平底锅) und andere Küchenbedürfnisse von Gold und Silber herbei. Dann brachten sie die schönsten Früchte und Zuckerwerk, wie es Marie noch niemals gesehen hatte, und fingen an, auf das zierlichste mit den kleinen schneeweißen Händchen die Früchte auszupressen(aus/pressen 榨取), das Gewürz zu stoßen, die Zuckermandeln zu reiben(研磨), kurz so zu wirtschaften(料理家务), dass Marie wohl einsehen konnte, wie gut sich die Prinzessinnen auf das Küchenwesen

14 尤其让玛丽欢喜的是

15 它们(指所有的小家具)都用雪松或巴西木制成,表面上还撒满金色花朵。

16 做一顿饭

verstanden[17], und was das für ein köstliches Mahl geben würde.

Im lebhaften Gefühl, sich auf dergleichen Dinge ebenfalls recht gut zu verstehen, wünschte sie heimlich(暗地里), bei dem Geschäft der Prinzessinnen selbst tätig sein zu können. Die schönste von Nussknackers Schwestern, als ob sie Mariens geheimen Wunsch erraten hätte, reichte ihr einen kleinen goldnen Mörser(m. 臼) mit den Worten hin:»O süße Freundin, teure Retterin meines Bruders, stoße eine Wenigkeit von diesem Zuckerkandel(Kandel m.〈地区〉壶,罐)!« Als Marie nun so wohlgemut in den Mörser stieß(春捣), dass er gar anmutig und lieblich, wie ein hübsches Liedlein ertönte, fing Nussknacker an sehr weitläuftig(详尽地) zu erzählen, wie es bei der grausenvollen Schlacht zwischen seinem und des Mausekönigs Heer ergangen, wie er der Feigheit seiner Truppen halber[18] geschlagen worden, wie dann der abscheuliche Mausekönig ihn durchaus zerbeißen wollen, und Marie deshalb mehrere seiner Untertanen, die in ihre Dienste gegangen[19], aufopfern müssen usw. Marien war es bei dieser Erzählung, als klängen seine Worte, ja selbst ihre Mörserstöße, immer

17 公主们多么精于厨房事务, sich (A.) auf etw. (A.) verstehen 精通,擅长某事

18 因为部下的怯懦

19 他们为她效劳

ferner und unvernehmlicher, bald sah sie silberne Flöre wie dünne Nebelwolken aufsteigen[20], in denen die Prinzessinnen — die Pagen, der Nussknacker, ja sie selbst schwammen — ein seltsames Singen und Schwirren und Summen ließ sich vernehmen, das wie in die Weite hin verrauschte (verrauschen 消失); nun hob sich Marie wie auf steigenden Wellen immer höher und höher[21] — höher und höher — höher und höher —

20 不久她看到银色罗纱如薄薄云雾升腾。

21 在不断上升的波浪中,玛丽越升越高。

24 Tag

玛丽在自己的小床上醒来,妈妈正叫她去吃早饭。玛丽把自己在玩偶王国的经历讲给妈妈听,妈妈却认为玛丽只是做了一场梦,因为木偶怎么会有生命呢?见父母、姐姐和哥哥弗里茨都不相信自己的奇遇,玛丽拿出鼠王的七顶王冠,这下大家都呆住了。此刻,教父正好到访,声称小王冠本是几年前自己送给玛丽的生日礼物。虽然除了教父本人,谁也不记得此事,但一切总算都有了合理的解释。爸爸禁止玛丽今后再讲胡桃夹子的故事。弗里茨再也不相信她,专心照顾自己的玩具骑兵。

Prr — Puff ging es! — Marie fiel herab (herab/fallen 落下) aus unermesslicher Höhe. — Das war ein Ruck(m. 猛地一动)! — Aber gleich schlug sie auch die Augen auf[1], da lag sie in ihrem Bettchen, es war heller Tag, und die Mutter stand vor ihr, sprechend:»Aber wie kann man auch so lange schlafen, längst ist das Frühstück da!« Du merkst es wohl, versammeltes, höchst geehrtes Publikum, dass Marie ganz betäubt von all den Wunderdingen, die sie gesehen[2], endlich im Saal des Marzipanschlosses eingeschlafen war, und dass die Mohren, oder die Pagen oder gar die Prinzessinnen selbst, sie zu Hause getragen und ins Bett gelegt hatten.»O Mutter, liebe Mutter, wo hat mich der junge Herr Droßelmeier diese Nacht überall hingeführt, was habe ich alles Schönes gesehen!« Nun erzählte sie alles beinahe so genau, wie ich es soeben erzählt habe, und die Mutter sah sie ganz verwundert an[3].

Als Marie geendet, sagte die Mutter:»Du hast einen langen sehr schönen Traum gehabt, liebe Marie, aber schlag dir das alles nur aus dem Sinn[4].« Marie bestand hartnäckig(固执地) darauf, dass sie nicht geträumt, sondern alles wirklich gesehen habe, da führte die Mutter sie

1　die Augen auf/schlagen 睁开眼睛

2　因她所见到的诸多神奇事物而晕眩，betäuben 使……头昏脑涨

3　妈妈非常吃惊地望着她。

4　放弃所有这些想法吧。sich(D.) etw. aus dem Sinn schlagen 打消某种念头

an den Glasschrank, nahm den Nussknacker, der, wie gewöhnlich, im dritten Fache stand, heraus und sprach:»Wie kannst du, du albernes Mädchen nur glauben, dass diese Nürnberger Holzpuppe Leben und Bewegung haben[5] kann.«»Aber, liebe Mutter«, fiel Marie ein,»ich weiß es ja wohl, dass der kleine Nussknacker der junge Herr Droßelmeier aus Nürnberg, Pate Droßelmeiers Neffe ist.« Da brachen beide der Medizinalrat und die Medizinalrätin in ein schallendes Gelächter aus[6].»Ach«, fuhr Marie beinahe weinend fort,»nun lachst du gar meinen Nussknacker aus, lieber Vater! Und er hat doch von dir sehr gut gesprochen, denn als wir im Marzipanschloss ankamen, und er mich seinen Schwestern, den Prinzessinnen, vorstellte, sagte er, du seist ein sehr achtungswerter Medizinalrat!« — Noch stärker wurde das Gelächter, in das auch Luise, ja sogar Fritz einstimmte(ein/stimmen 加入进来,赞同). Da lief Marie ins andere Zimmer, holte schnell aus ihrem kleinen Kästchen die sieben Kronen des Mausekönigs herbei, und überreichte sie der Mutter mit den Worten:»Da sieh nur, liebe Mutter, das sind die sieben Kronen des Mausekönigs, die mir in voriger Nacht der

5 有生命,会活动

6 这时两人都哈哈大笑起来。in(schallendes) Gelächter aus/brechen 爆发出(响亮的)笑声

junge Herr Droßelmeier zum Zeichen seines Sieges überreichte[7].«

Voll Erstaunen betrachtete die Medizinalrätin die kleinen Krönchen, die von einem ganz unbekannten aber sehr funkelnden Metall so sauber gearbeitet waren, als hätten Menschenhände das unmöglich vollbringen können[8]. Auch der Medizinalrat konnte sich nicht satt sehen an den Krönchen[9], und beide, Vater und Mutter, drangen (dringen 逼迫) sehr ernst in Marien, zu gestehen (坦白), wo sie die Krönchen herhabe? Sie konnte ja aber nur bei dem, was sie gesagt, stehenbleiben[10], und als sie nun der Vater hart anliess (an/lassen 〈雅〉责骂), und sie sogar eine kleine Lügnerin schalt (schelten 〈雅〉责骂), da fing sie an heftig zu weinen, und klagte:» Ach ich armes Kind, ich armes Kind! Was soll ich denn nun sagen!«

In dem Augenblick ging die Tür auf. Der Obergerichtsrat trat hinein, und rief:» Was ist da — was ist da? mein Patchen Marie weint und schluchzt? — Was ist da — was ist da?« Der Medizinalrat unterrichtete ihn von allem, was geschehen[11], indem er ihm die Krönchen zeigte. Kaum hatte der Obergerichtsrat aber diese angesehen, als er lachte, und rief:» Toller

7 昨天夜里,小罗色美耶先生把它们(指鼠王的七顶王冠)作为胜利的标志递交给我。

8 似乎是人手不可能完成的, vollbringen 实现,完成
9 怎么也看不够, sich (A.) an etw. (D.) satt/sehen 看够

10 她只能坚持已经说过的那些内容。

11 (玛丽父亲)把所发生的一切告诉他(指罗色美耶教父)。jn. über/ von etw. unterrichten 告知某人关于某事的情况

Schnack (m. 傻话), toller Schnack, das sind ja die Krönchen, die ich vor Jahren an meiner Uhrkette trug, und die ich der kleinen Marie an ihrem Geburtstage, als sie zwei Jahre alt worden, schenkte. Wisst ihr's denn nicht mehr?« Weder der Medizinalrat noch die Medizinalrätin konnten sich dessen erinnern, als aber Marie wahrnahm, dass die Gesichter der Eltern wieder freundlich geworden, da sprang sie los auf Pate Droßelmeier[12] und rief:»Ach, du weißt ja alles, Pate Droßelmeier, sag es doch nur selbst, dass mein Nussknacker dein Neffe, der junge Herr Droßelmeier aus Nürnberg ist, und dass er mir die Krönchen geschenkt hat!« — Der Obergerichtsrat machte aber ein sehr finsteres Gesicht und murmelte (murmeln 嘟哝说):» Dummer einfältiger Schnack.« Darauf nahm der Medizinalrat die kleine Marie vor sich und sprach sehr ernsthaft:» Hör mal, Marie, lass nun einmal die Einbildungen (Einbildung f. 胡思乱想) und Possen, und wenn du noch einmal sprichst, dass der einfältige missgestaltete Nussknacker der Neffe des Herrn Obergerichtsrats sei, so werf ich nicht allein den Nussknacker, sondern auch alle deine übrigen Puppen, Mamsell

12 auf jn. los/springen
朝某人冲过去

Clärchen nicht ausgenommen, durchs Fenster.« Nun durfte freilich die arme Marie gar nicht mehr davon sprechen, wovon denn doch ihr ganzes Gemüt erfüllt war[13], denn ihr möget es euch wohl denken, dass man solch Herrliches und Schönes, wie es Marien widerfahren, gar nicht vergessen kann. Selbst — sehr geehrter Leser oder Zuhörer Fritz — selbst dein Kamerad Fritz Stahlbaum drehte der Schwester sogleich den Rücken[14], wenn sie ihm von dem Wunderreiche, in dem sie so glücklich war, erzählen wollte. Er soll sogar manchmal zwischen den Zähnen gemurmelt haben:»Einfältige Gans!« Doch das kann ich seiner sonst erprobten guten Gemütsart halber nicht glauben, so viel ist aber gewiss, dass, da er nun an nichts mehr, was ihm Marie erzählte, glaubte[15], er seinen Husaren bei öffentlicher Parade das ihnen geschehene Unrecht förmlich abbat (ab/bitten〈雅〉表示歉意), ihnen statt der verlornen Feldzeichen viel höhere, schönere Büsche von Gänsekielen anheftete, und ihnen auch wieder erlaubte, den Gardehusarenmarsch zu blasen. Nun! — wir wissen am besten, wie es mit dem Mut der Husaren aussah, als sie von den hässlichen Kugeln Flecke auf die roten Wämser kriegten!

13　她全部的情感都被那些填满。

14　jm. den Rücken drehen 把背转向某人（不愿理会）

15　不过可以确定的是,他(指弗里茨)不再相信玛丽给他讲的任何事。

25 Tag

　　虽不再讲玩偶国的事,但玛丽经常独自发呆,那些经历一直挥之不去。有一天玛丽表示:如果胡桃夹子真有生命,自己不会因他变丑而嫌弃他。就在那天,教父罗色美耶送给玛丽一个精美的胡桃夹子小人,小人带来了最可口的杏仁糖和所有曾被老鼠咬坏的玩偶,给弗里茨带来一把宝剑。胡桃夹子告诉玛丽自己已成为杏仁糖宫的主人,请求玛丽当他的未婚妻。据说一年后,玛丽真的被银马金车接走,当了王后。那独具慧眼之人,便能看见最美奇景。

Sprechen durfte nun Marie nicht mehr von ihrem Abenteuer, aber die Bilder jenes wunderbaren Feenreichs umgaukelten (umgaukeln 萦绕) sie in süßwogendem Rauschen und in holden lieblichen Klängen; sie sah alles noch einmal, sowie sie nur ihren Sinn fest darauf richtete, und so kam es, dass sie, statt zu spielen, wie sonst, starr und still, tief in sich gekehrt[1], dasitzen konnte, weshalb sie von allen eine kleine Träumerin gescholten[2] wurde. Es begab sich, dass der Obergerichtsrat einmal eine Uhr in dem Hause des Medizinalrats reparierte, Marie saß am Glasschrank, und schaute, in ihre Träume vertieft[3], den Nussknacker an, da fuhr es ihr wie unwillkürlich heraus[4]: »Ach, lieber Herr Droßelmeier, wenn Sie doch nur wirklich lebten, ich würd's nicht so machen, wie Prinzessin Pirlipat[5], und Sie verschmähen (轻视), weil Sie, um meinetwillen (为了我的缘故), aufgehört haben, ein hübscher junger Mann zu sein!« In dem Augenblick schrie der Obergerichtsrat: »Hei, hei toller Schnack.« Aber in dem Augenblick geschah auch ein solcher Knall und Ruck, dass Marie ohnmächtig vom Stuhle sank[6].

1　陷入沉思默想中

2　gescholten 是 schelten（责骂）的第二分词。

3　sich（A.）in etw.（A.）vertiefen 专心致志于,陷入……之中

4　她（指玛丽）不由自主脱口而出,heraus/fahren 脱口而出

5　如果您真的有生命,我不会像芘尔丽帕公主一样,做出那种事。

6　从椅子上摔下来,sinken 下落

Als sie wieder erwachte, war die Mutter um sie beschäftigt, und sprach:» Aber wie kannst du nur vom Stuhle fallen, ein so großes Mädchen! — Hier ist der Neffe des Herrn Obergerichtsrats aus Nürnberg angekommen — sei hübsch artig!« — Sie blickte auf, der Obergerichtsrat hatte wieder seine Glasperücke aufgesetzt, seinen gelben Rock angezogen, und lächelte sehr zufrieden, aber an seiner Hand hielt er einen zwar kleinen, aber sehr wohlgewachsenen jungen Mann. Wie Milch und Blut war sein Gesichtchen[7], er trug einen herrlichen roten Rock mit Gold, weißseidene Strümpfe und Schuhe, hatte im Jabot ein allerliebstes Blumenbouquet, war sehr zierlich frisiert und gepudert, und hinten über den Rücken hing ihm ein ganz vortrefflicher Zopf herab. Der kleine Degen an seiner Seite schien von lauter Juwelen (Juwel n./m. 珠宝), so blitzte er, und das Hütlein unterm Arm von Seidenflocken gewebt. Welche angenehme Sitten der junge Mann besaß, bewies er gleich dadurch, dass er Marien eine Menge herrlicher Spielsachen, vorzüglich aber den schönsten Marzipan und dieselben Figuren, welche der Mausekönig zerbissen, dem Fritz aber einen

7　他的小脸红润而白嫩。

wunderschönen Säbel mitgebracht hatte. Bei Tische[8] knackte der Artige für die ganze Gesellschaft Nüsse auf, die härtesten widerstanden (widerstehen 抵抗) ihm nicht, mit der rechten Hand steckte er sie in den Mund, mit der linken zog er den Zopf an — Krak — zerfiel die Nuss in Stücke! — Marie war glutrot (脸蛋通红的) geworden, als sie den jungen artigen Mann erblickte, und noch röter wurde sie, als nach Tische der junge Droßelmeier sie einlud, mit ihm in das Wohnzimmer an den Glasschrank zu gehen. »Spielt nur hübsch miteinander, ihr Kinder, ich habe nun, da alle meinen Uhren richtig gehen, nichts dagegen«, rief der Obergerichtsrat.

Kaum war aber der junge Droßelmeier mit Marien allein, als er sich auf ein Knie niederließ, und also sprach: » O meine allervortrefflichste Demoiselle Stahlbaum sehn Sie hier zu Ihren Füßen den beglückten (beglückt 幸福的) Droßelmeier, dem Sie an dieser Stelle das Leben retteten! Sie sprachen es gütigst aus[9], dass Sie mich nicht wie die garstige (garstig 讨厌的) Prinzessin Pirlipat verschmähen wollten, wenn ich Ihretwillen hässlich geworden! — sogleich hörte ich auf ein

8　vor/bei/nach Tisch 〈雅〉餐前/用餐时/餐后

9　您仁慈地说出，aus/sprechen 表达，说出口

schnöder Nussknacker zu sein[10], und erhielt meine vorige nicht unangenehme Gestalt wieder[11]. O vortreffliche Demoiselle, beglücken Sie mich mit Ihrer werten Hand, teilen(分享) Sie mit mir Reich und Krone, herrschen(治理) Sie mit mir auf Marzipanschloss, denn dort bin ich jetzt König!«

Marie hob den Jüngling auf(auf/heben 扶起), und sprach leise:» Lieber Herr Droßelmeier! Sie sind ein sanftmütiger guter Mensch, und da Sie dazu noch ein anmutiges Land mit sehr hübschen lustigen Leuten regieren, so nehme ich Sie zum Bräutigam an[12]! « — Hierauf wurde Marie sogleich Droßelmeiers Braut. Nach Jahresfrist[13] hat er sie, wie man sagt, auf einem goldnen von silbernen Pferden gezogenen Wagen abgeholt. Auf der Hochzeit tanzten zweiundzwanzigtausend der glänzendsten mit Perlen und Diamanten geschmückten Figuren, und Marie soll[14] noch zur Stunde(现在) Königin eines Landes sein, in dem man überall funkelnde Weihnachtswälder, durchsichtige Marzipanschlösser, kurz, die allerherrlichsten wunderbarsten Dinge erblicken kann[15], wenn man nur darnach Augen hat[16].

10 我那可鄙的胡桃夹子容貌立即就消失了。

11 恢复了我过去那个没那么讨人嫌的外形。wieder/erhalten 重新获得

12 我愿意接受您做我的未婚夫。an/nehmen 同意接受

13 一年后

14 据说,听说; sollen 在此用于转述别人的话。

15 能看见最美妙之事,最神奇之物。

16 只要人们有一双与之相应的眼睛。